T0312816

ELOGIOS PARA
EL FONDO DE LA PISCINA

«En el primer año de nuestra relación con Andy Andrews, Fairway *dobló* su volumen de negocios: de 5.400 millones a 11.200 millones de dólares. En el segundo año con Andy llegamos a los 17.000 millones y en el tercer año superamos los 22.000 millones.»

—Steve Jacobson, fundador y director ejecutivo
de Fairway Independent Mortgage Corporation

«Recuerdo el día en el que Andy Andrews nos dijo que nos iba a enseñar a competir a un nivel que nuestros rivales ni siquiera sabían que existía. A partir de aquel momento, de nuestro primer año en 2012, Andy se esforzó en rediseñar a nuestro equipo. Y en aquel año inicial ya nos convertimos, sorprendente y espectacularmente, en los agentes comerciales número uno de nuestra área de Florida central. Está claro que seguimos contando con Andy y con sus contenidos de El fondo de la piscina. Con su asesoramiento superamos rápidamente la marca de los 100 millones de dólares y hemos sido líderes en nuestra asociación de agentes inmobiliarios, batiendo todos los récords comerciales en cada uno de los últimos tres años. Este año estamos produciendo a un nivel un 338 % superior que nuestro competidor más cercano. ¡De verdad!»

—Todd Rainsberger, propietario y agente de
Coldwell Banker Commercial Real Estate

«Tras haberme retirado como presidente y director ejecutivo de la empresa ahora ya puedo revelar que, efectivamente, negocié un contrato de exclusividad con Andy Andrews. Durante cinco años fuimos la *única* empresa en nuestro sector a la que se le enseñaba el material que se incluye ahora en *El fondo de la piscina*. Durante cinco años, Andy Andrews no solo fue la única influencia externa que trabajó de forma regular con nuestros profesionales de ventas, sino que también hizo de mentor para nuestro equipo ejecutivo. Durante ese periodo pasamos de tener menos de 100 millones de dólares en ingresos anuales... a diez veces esa cantidad. Cuando Andy nos habló por primera vez, éramos ochocientos. Cinco años más tarde hemos crecido tanto que el mismo evento se ha tenido que llevar a cabo en el estadio de los Dallas Cowboys.»

— Richard Wright, anterior presidente y director
ejecutivo de Advocare International

«Con sus palabras, Andy Andrews da forma al pensamiento creativo de una manera que cambia vidas».

—Muriel T. Summers, directora del año, A. B.
Combs Magnet Elementary School, dos veces
nombrada America's Best Elementary School

«Estoy encantadísima de que los contenidos de *El fondo de la piscina* ahora estén al alcance de todo el mundo. Fearless Mom ha usado la información y las conclusiones de Andy como parte de nuestro aprendizaje central. En tan solo un año nuestros suscriptores han crecido en un 233 %, y ahora llegamos a mamás de más de treinta países. Este libro te será una guía como padre y te llevará a respuestas para tu vida personal y profesional.»

—Julie Richard, fundadora de Fearless Mom

«Hemos aprendido a confiar en que Andy Andrews nos ofrecerá palabras de inspiración, instrucciones prácticas y consejos sabios. Este libro promete ofrecer lo mismo a todos los que tengan la bendición de leerlo.»

—Max Lucado, pastor y autor superventas
del New York Times

«Este libro no podría ser más valioso ni aunque sus palabras estuvieran impresas en papel de oro puro. Hace tres años, mi empresa se había quedado encallada en un nivel medio de éxito y no sabía cómo conseguir que volviera a crecer. Ahí fue donde conocí a Andy Andrews y sus principios de *El fondo de la piscina*. Tras poner esos principios en práctica, mi negocio ha crecido en más de un 500 %. Además, hay una enseñanza concreta en este libro que directamente me produjo más de 700.000 dólares en ingresos.»

—Tiffany King, propietaria de Eat at Home y Eat at Home Meal Plans, y autora de Eat at Home Tonight

«Andy Andrews es el mejor narrador de Estados Unidos desde Mark Twain. ¿Quién iba a imaginarse que la risa y las reflexiones iban a ser una combinación tan increíble?»

—Mark Lowry, artista y autor de la famosa canción navideña Mary, Did You Know?

«Estoy escribiendo estas palabras a finales de enero de 2019. Sí, recibí acceso a los contenidos de *El fondo de la piscina* antes de su publicación y mi empresa ha estado empleando los métodos explicados en este libro. De forma espectacular, ya hemos aumentado nuestros resultados de 2019 en un 51 % por encima del año pasado a estas alturas. Si vas a leer un libro este año, que sea este. *El fondo de la piscina* te hará sentir de un modo que jamás habías experimentado con cualquier otro libro.»

—Joe Pici, presidente y director ejecutivo de Pici & Pici Inc., nombrado uno de los 30 mejores profesionales de ventas del mundo por Global Gurus.

«Con la publicación de *El fondo de la piscina*, ahora ya estoy convencida de que Andy Andrews es único en su especie. Tanto si buscas progresar de forma personal o profesional, este libro será tremendamente relevante para tu situación. Lo que has oído es cierto: Andy Andrews produce resultados increíbles.»

—Dave Ramsey, locutor de radio y autor de *La transformación total de su dinero*

OTROS LIBROS DE ANDY ANDREWS

NOVELAS

La oportunidad perdida

La maleta

Perspectiva

El regalo del viajero

La cumbre final

NO FICCIÓN

¿Cómo matar a 11 millones de personas?

Las cosas pequeñas

Las siete decisiones

PIENSA MÁS ALLÁ
DE TUS LÍMITES PARA
ALCANZAR RESULTADOS
EXTRAORDINARIOS

El FONDO de la PISCINA

ANDY ANDREWS

GRUPO NELSON
Desde 1798

NASHVILLE   MÉXICO DF.   RÍO DE JANEIRO

Editora en Jefe: *Graciela Lelli*
Traducción y adaptación del diseño al español: *www.produccioneditorial.com*

ISBN: 978-1-40411-103-5

Impreso en Estados Unidos de América
19 20 21 22 23 LSC 9 8 7 6 5 4 3 2

Dedicado a aquellos que forman parte del «muro defensor» de mi vida. Ustedes son mis amigos más valiosos, sosteniéndome cuando yo era incapaz de tenerme en pie. Y durante el tiempo en el que no me podía mover, decidieron pasar a la acción y ponerse a mi alrededor.

CONTENIDOS

CONTENIDOS

Uno

EL JUEGO

Cuando era pequeño, mis padres me dejaban en la piscina durante el verano. Debía de ser un método excelente de crianza, dado que la mayoría de los padres de mis amigos hacían exactamente lo mismo. Día tras día, todo el verano, no parecía que nos cansáramos nunca de estar «en la piscina». Aunque casi siempre estábamos *dentro* del agua, por algún motivo, así es como nos referíamos a estar ahí.

—¿Dónde estuviste ayer?

—Pues en la piscina.

Jugábamos a Marco Polo, al caballito, a fútbol acuático, al torbellino atómico, a llevar una sandía al otro extremo sin tocar con los pies en el suelo y al trotamares (que es exactamente igual que el trotamundos, pero en el agua). Por aquel entonces, por supuesto, todas las piscinas estaban tratadas con grandes cantidades de cloro. Para mediados de junio, si un niño rubio no tenía el pelo algo verdoso, estaba claro para todo el mundo que no había pasado mucho tiempo en la piscina.

También pasaba otra cosa alrededor de la mitad de julio: para entonces ya nos habíamos empezado a aburrir con gran parte de lo que habíamos estado haciendo y empezábamos a inventarnos nuestros propios juegos.

Hubo un año en el que nos inventamos un juego competitivo al que denominamos «Delfín». En aquellos tiempos a todo el mundo le encantaba *Flipper*, una serie de televisión sobre un delfín que corría mil aventuras. (Algo así como Lassie, pero pasado por agua). Las estrellas humanas del programa eran Bud y Sandy, los hijos de un guardia del parque nacional Coral Key.

No había ni un solo niño de nuestra edad que no mirase el programa; a todos nos impresionaba cómo Flipper sacaba el cuerpo entero sobre el agua y «caminaba» sobre la cola.

Así que eso se convirtió en nuestro juego.

Formábamos un gran círculo en el lado hondo de la piscina, moviendo las piernas para mantenernos a flote. A cada uno le llegaba el turno de ser el delfín. Cuando te tocaba, tenías que nadar al centro del círculo. El objetivo del juego era sacar el cuerpo del agua tanto como pudieras impulsándote con brazos, piernas, manos y pies.

Y nadie lo hacía tan bien como Aaron Perry. Era un año mayor que la mayoría de nosotros y nos sacaba casi una cabeza. Créeme: era tremendamente difícil competir contra sus enormes pies. Y las manos... Madre mía, ¡vaya manazas! No ha habido jamás un niño con las manos tan grandes. De verdad que no exagero, en 3.º de primaria a ese chaval le cabía una pelota de baloncesto entera en la mano.

La constitución física de Aaron era una clara ventaja en la piscina. Cuando sacudía los enormes pies y movía esas manazas gigantescas para impulsarse sobre el agua, conseguía elevarse sobre la superficie de la piscina como si fuera el mismísimo Flipper. O, al menos, el primo humano de Flipper.

Era el verano de después de 4.º de primaria y casi todos teníamos once años. Aaron, claro está, tenía doce años. Nos solía decir con frecuencia que era mejor que nosotros en cualquier cosa. Y, por desgracia, todos estábamos convencidos de que tenía razón. Era muy deprimente.

En especial cuando jugábamos al Delfín, Aaron *era realmente* el mejor. Siempre ganaba. Siempre. Su racha ganadora (que, por descontado, empezó con la invención del juego) era algo nunca visto. Invicto, sin igual ni rival y completamente incomparable en medio de un círculo de niños a punto de empezar 5.º de primaria que intentaban mantenerse a flote. Era increíble, muy superior. Y lo sabía. ¡Aaron era el rey del Delfín!

Hasta que llegó el día en que Kevin Perkins lo superó en casi medio metro.

Recuerdo esa tarde como si fuera ayer. Éramos unos diez niños en la parte honda de la piscina. En un círculo irregular, esperábamos a que nos tocara nuestro turno y observábamos con atención a los demás cuando les tocaba. No solo éramos competidores, sino que también íbamos rotando nuestra responsabilidad como jueces.

Todos teníamos el mismo derecho a voto pero, a pesar de intentar ser justos, solíamos estar en desacuerdo.

Aquel día yo ya había sido el delfín. Aaron y todos los demás también; solo quedaba Kevin Perkins, mi mejor amigo. Mientras Kevin nadaba hacia el centro del círculo, varios de los chicos le dijeron que se diera prisa: «Venga, va, corre y termina ya».

Dos del grupo (Roger Luker y su novia, Carol) incluso se habían ido antes de terminar el juego. Tampoco es que me pareciera raro. Si hubiera habido un registro histórico del juego del Delfín de la piscina de Azalea abierto al público hubiera quedado patente que, después de que le tocara a Aaron Perry, el juego ya se había acabado. Por otro lado, a todo el mundo le caía bien Kevin, así que la mayoría de los chicos esperamos a que terminara. Algo impacientes, sí, pero esperamos.

Kevin se detuvo en el centro.

—¿Listos? —preguntó.

—¡Sí! —respondimos—. ¡Va, empieza ya!

Y eso hizo. Pero no subió hacia arriba. Kevin se hundió.

Los que estábamos sobre la superficie nos dirigimos miradas extrañadas. ¿Se podía saber qué estaba haciendo? Movimos las piernas con más energía para intentar verlo por debajo. Kevin había bajado totalmente, hasta el fondo. Estaba doblando las rodillas... Agachándose y hundiéndose más... Acercándose al fondo tanto como podía.

De repente, antes de que cualquiera de nosotros tuviera tiempo de preguntar o comentar, Kevin se impulsó con fuerza sobre el suelo y salió disparado hacia la superficie. Un segundo después de salir del fondo, Kevin emergió y se elevó por los aires con un grito de triunfo.

Nosotros también gritamos. Estaba clarísimo que Kevin había subido muchísimo más de lo que Aaron jamás había logrado elevarse. ¡Qué barbaridad! Fue muy emocionante. No pasó mucho rato antes de que Aaron dijera:

—Bueno, sí, tú has subido más que yo pero... ¡Pero así no se juega al Delfín! Has hecho trampa.

Kevin sonrió tranquilamente.

—¿Ah, sí? —replicó—. Y... ¿dónde está la norma que dice que no puedes bajar antes de subir?

—¡Eso! ¡Eso! —respondimos todos, emocionados—. ¿Dónde está la norma que dice *eso*? ¿Eh? ¿Eh?

Salpicamos a Aaron en la cara una y otra vez. Ante la vieja maniobra de salpicar a los ojos con agua clorada y la amenaza implícita de que al menos media docena de chicos de once años te metieran la cabeza bajo el agua (y otras formas de violencia piscinera preadolescente), Aaron rápidamente aceptó que la nueva técnica de Kevin *sí que era* legal.

Por desgracia, el comité regulador de la Liga de Delfín Oficial (formado por Danny Stone y Bob Woodall) se vio forzado (por la madre de Aaron) a conceder que la nueva técnica iba a pasar a estar disponible para todos los competidores en futuras ocasiones.

Como Aaron ya iba a usar el nuevo método directamente en la siguiente partida, todo el mundo sabía que la corona no iba a ser de Kevin durante mucho tiempo. Aun así, resulta interesante que fuera el gran logro de Kevin lo que todos rememoramos y reverenciamos. Al cambiar nuestra comprensión y creencia de lo que era posible, Kevin había cambiado el juego entero. Para siempre.

Aunque Aaron no tardó en volver a convertirse en el orgulloso rey del juego del Delfín, fue la victoria solitaria de Kevin, aquel increíble salto por los aires, lo que todos recordamos. Para nosotros, Kevin sigue siendo la leyenda del Delfín.

Cuando los años fueron pasando y se convirtieron en décadas, para mí fue curioso ver cuán a menudo mi mente rememoraba aquel día en concreto. Y cada vez que volvía a pensar en el suceso, los recuerdos volvían con un tinte difuso en algunos detalles. Tenía la sensación de que se me olvidaba algo.

Quizá *no había olvidado* un detalle, me dije, reflexivo, un día. Quizá es que se me escapaba algo por completo. Pero ¿qué podía ser? Estaba justo al lado de Kevin cuando logró su hazaña. Lo vi todo. Y la historia no cambió jamás.

Aun así, seguía habiendo una pregunta sin respuesta, un pensamiento que no tenía del todo claro, la intuición de una idea que no me dejaba en paz. Finalmente, una mañana hace varios años, me levanté pensando en lo siguiente: durante la historia entera del juego del Delfín (hasta el momento en que Kevin Perkins emergió a toda velocidad entre las aguas), todos y cada uno de nosotros habíamos competido en cada ocasión exactamente del mismo modo.

¿Exactamente del mismo modo? Sí. ¿Y por qué? Porque sabíamos cómo se jugaba al juego. *Sabíamos* cómo había que hacerlo.

Parece un concepto raro pero, como la piscina de Azalea era el único lugar del mundo donde se jugaba al Delfín, no éramos simples expertos. No, de hecho, a pesar de ser niños, éramos los mejores jugadores de Delfín en todo el planeta.

Por desgracia, hay un principio que ninguno de nosotros conocía en aquel momento y que, incluso ya bien entrado en la edad adulta, yo jamás me había planteado. El principio gobierna los límites y los resultados y tiene una influencia absoluta sobre cada parte de tu vida. Es a partes iguales increíblemente sencillo y tremendamente complicado. Es el siguiente:

Al cambiar nuestra comprensión y creencia de lo que era posible, Kevin había cambiado el juego entero. Para siempre..

Ten cuidado con lo que crees saber.
Porque no siempre puedes creerte todo lo que piensas.

Dos

UN DESTELLO DE COMPRENSIÓN

Así que éramos los mejores jugadores de Delfín del planeta. El hecho de que fuéramos los *únicos* jugadores del planeta no suponía ninguna diferencia.

Y piensa en esto: si éramos los mejores y Aaron era el mejor que había entre nosotros, entonces ¡Aaron Perry fue el mejor jugador de Delfín que ha habido jamás!

Para el resto de nosotros, nuestros métodos (lo que hacíamos para practicar y jugar) eran prácticamente idénticos a los métodos que empleaba Aaron. Estudiábamos con ansia e imitábamos al detalle cada uno de sus movimientos. Nuestro motivo para hacer esto no era ningún misterio. Hacíamos lo que hacía Aaron debido a su éxito. Aaron Perry era el referente absoluto de este deporte. El hecho no admitía ninguna discusión.

Incluso cuando no estaba en la piscina, Aaron seguía en nuestra mente. Pensábamos constantemente en él. Teníamos debates secretos donde diseccionábamos todo lo que hacía Aaron en otro fútil intento por discernir la magia que había tras sus resultados.

«¿Cómo puede ahuecar las manos en ese ángulo?», nos preguntábamos. «¿Ha metido el pulgar bajo los dedos, hacia sus palmas? ¿O acaso lo ponía *al lado* de los demás dedos?». «¿Aaron mueve los pies sin parar mientras vuela por los aires o es solo *una patada fuerte* lo que lo impulsa hasta tales alturas?».

Ninguno de nosotros poseía las ventajas físicas de Aaron (¡santo cielo, el chaval era un gigantón! ¡Si casi medía un metro y medio!). Pero como podíamos observarlo tan de cerca día tras día, empezamos a perfeccionar sus movimientos y, como resultado, nuestro propio rendimiento mejoró incesantemente.

Llevábamos jugando a ese juego un par de años. A medida que aprendíamos y crecíamos físicamente, algunos de nosotros llegamos a progresar hasta el punto de estar bastante cerca de los resultados de Aaron. Pero claro, Aaron también crecía y mejoraba y por ese motivo nunca pudimos superarlo (al menos hasta que Kevin dio la campanada).

Han pasado décadas desde aquel verano, pero ninguno de nosotros ha olvidado el día en el que mi mejor amigo usó el fondo de la piscina como la base sólida para alcanzar la grandeza. Al principio, cuando Kevin se hundió en vez de impulsarse directamente hacia arriba, pensamos que se había vuelto completamente loco, pero él prosiguió hasta tocar el fondo. Resultó que Kevin había reparado en un poder que podía dominar; un poder que iba a producir unos resultados que el resto de nosotros jamás había sospechado que eran posibles.

> Resultó que Kevin había reparado en un poder que podía dominar; un poder que iba a producir unos resultados que el resto de nosotros jamás había sospechado que eran posibles.

Aunque se había movido en una dirección que era totalmente opuesta a la forma aceptada de jugar a ese juego, Kevin probó una estrategia que nunca antes se había probado. Y los resultados que consiguió no solo demostraron que su instinto era correcto, sino que cambiaron para siempre las normas del juego.

Kevin Perkins tenía once años, pero en la piscina de Azalea de aquella tarde, cuando emergió entre las aguas (los puños apretados en alto, con un tremendo grito que salía de lo más profundo de su ser), cualquier persona que lo hubiera visto lo habría descrito como «completamente beamonés».

¿«Beamonés»? Sí, absolutamente.

Tres

¿LA MENTE TIENE ALAS?

Te suene o no la palabra «beamonés», te aseguro que es una palabra real y que, en inglés, está en varios diccionarios. El motivo por el que la palabra no esté en *todos* los diccionarios en inglés se debe al hecho de que, hasta el 18 de octubre de 1968, no había ningún motivo por el que añadir «-és» al nombre Beamon.

Retrocedamos en el tiempo. Estamos en 1968. La gasolina era más barata que el agua, los astronautas del *Apollo* orbitaban alrededor de la luna y el programa *The Andy Griffith Show* filmó su último episodio, terminando su temporada final como número uno en el índice de audiencia (y sigue siendo una de las tres series de televisión en lograr tal hazaña; las otras dos son *Yo amo a Lucy* y *Seinfeld*).

Seguro que fue coincidencia pero, en 1968, el mismo año en el que Kevin se convirtió en una leyenda en el Delfín, un joven llamado Bob Beamon alcanzó la inmortalidad en el mundo del atletismo. Nadie podría siquiera habérselo imaginado.

Los resultados que iba obteniendo eran excelentes, aunque no tanto como para poder sospechar la grandeza que iba a alcanzar. Originario de Queens, Nueva York, Beamon únicamente competía en una prueba: el salto de longitud.

Beamon tenía la idea de participar en los Juegos Olímpicos de Ciudad de México y se le consideraba uno de los aspirantes a medalla. Por desgracia, los dos días de la competición para la que llevaba toda la vida preparándose no empezaron demasiado bien. Sus saltos habían sido bastante pobres durante ambas jornadas. Rozó la eliminación en las pruebas previas y casi no consiguió llegar a las finales, pero se clasificó en el tercer y último intento.

Aquel segundo día también llegaron a la final dos antiguos medallistas de oro del salto de longitud: el americano Ralph Boston, que había ganado la prueba en 1960, y Lynn Davies, del Reino Unido, ganador de 1964.

Otro de los competidores era Igor Ter-Ovanesyan. Ter-Ovanesyan había nacido en Kiev, hijo de un lanzador de disco armenio y una madre jugadora de voleibol ucraniana, y competía en el equipo olímpico soviético. Había ganado la medalla de bronce olímpica en dos ocasiones. Pero en *esos* Juegos Olímpicos era el soviético quien había llegado a Ciudad de México como favorito para el oro, ya que en su haber estaba el récord mundial en salto de longitud.

Un año antes, en un encuentro internacional que se había celebrado en el mismo estadio de Ciudad de México,

Ter-Ovanesyan había logrado el récord ante los mismos tres competidores (Boston, Davies y Beamon) a los que volvía a enfrentarse, ahora en el mayor escenario del mundo: la final de unos Juegos Olímpicos.

En los cien años de competición anteriores a esos Juegos Olímpicos de 1968, el récord mundial en salto de longitud solo se había roto trece veces. Cada vez que se había roto el récord había sido, de media, cuestión de unos seis centímetros. El día de la final olímpica, el récord mundial seguía siendo el que había marcado el soviético el año anterior: 8 metros y 35 centímetros. Davies empezó, seguido por Boston y Ter-Ovanesyan. En los primeros tres intentos, los competidores estuvieron a punto de llegar a los 8 metros y 22 centímetros.

Tras haber hecho lo que pudieron, los tres se giraron para observar al joven americano. Impulsivamente, Ralph Boston fue con rapidez al lado de Beamon. Se consideraba a sí mismo como mentor del joven y le habló directamente al oído izquierdo. Pasaron años antes de que uno de los dos hablara de ese comentario rápido pero, en aquel instante, Bob Beamon quedó transformado por una concentración sobrenatural que jamás había experimentado.

Más tarde reflexionó sobre aquel momento y las palabras de su amigo. «Físicamente», explicó, «era el momento en que estuve más cerca de la perfección. Mentalmente... y está claro que en aquel momento no lo sabía... no era tan fuerte. Pero ahí de pie a punto de acercarme a la pista para saltar, Ralph me habló. Sus palabras tomaron forma en mi cabeza».

Las imágenes de archivo de esos segundos nos muestran a un estoico Beamon mirando fijamente hacia adelante mientras Boston le habla con apremio. Rápidamente, el atleta le susurró:

—Salta antes. Tienes espacio de sobra. Date cinco centímetros por delante. Ganarás sesenta centímetros cuando caigas. Nunca habías tenido las piernas tan fuertes como ahora. En este momento tu cuerpo no pesa nada. Tu mente tiene alas. Úsalas. Vuela hacia arriba. Despega.

Boston retrocedió y Beamon se preparó. Durante veinte segundos se quedó mirando la pista. Se balanceó una sola vez hacia atrás y salió disparado hacia adelante, la cabeza levantada, moviendo los brazos como pistones.

Sorprendentemente, Beamon tardó unos escasos seis segundos en dar diecinueve zancadas, saltar a una altura de más de un metro ochenta (sin dejar de mover las piernas como si estuviera corriendo) y aterrizar en el foso de arena que había al final de su pista.

Pero hubo un problema.

El problema no estuvo en el despegue de Beamon, que es donde es más fácil que se anule un salto cuando el atleta pisa la línea de salto. También había aterrizado limpiamente dentro de los límites del foso de arena.

El problema estaba en el *lugar* donde había aterrizado el americano. El dispositivo óptico instalado por el comité de los Juegos Olímpicos para medir las distancias no había medido el salto. Bob Beamon había saltado por encima y mucho más allá de lo que podía medir el aparato.

Durante casi veinte minutos el estadio entero observó, esperando impaciente, mientras los jueces olímpicos buscaban una cinta métrica de las de toda la vida para poder emitir un veredicto oficial sobre lo que acababa de pasar.

Cuando finalmente se hizo pública la distancia, un silencio atónito invadió el campo y el estadio. En cuestión de segundos, Beamon cayó de rodillas, con la cara enterrada en las manos, y la multitud empezó a rugir de tal modo que hicieron temblar, literalmente, el edificio.

Bob Beamon había saltado 8 metros y 90 centímetros; más de sesenta centímetros más que cualquier otra persona.

Beamon no solo acababa de marcar un nuevo récord, sino que había destrozado completamente el anterior. Ese récord olímpico sigue imbatido y la mayoría está de acuerdo con la evaluación que hizo al momento Lynn Davies, oro olímpico hasta aquel momento.

—Bob —dijo, con asombro—, ¡acabas de pulverizar la prueba!

«El salto», como acabó conociéndose aquella hazaña, fue nombrada por *Sports Illustrated* como uno de los cinco momentos más importantes del deporte del siglo XX. ESPN lo denominó «la actuación olímpica más espectacular de la historia». Y, como ya sabes ahora, ese salto de aquel joven de Nueva York fascinó de tal modo al mundo entero que acabó creando su propia palabra:

Beamonés… un adjetivo que quiere decir «un resultado tan tremendamente superior a cualquier otra cosa conseguida hasta el momento que resulta sobrecogedor».

Beamonés... un adjetivo que quiere decir «un resultado tan tremendamente superior a cualquier otra cosa conseguida hasta el momento que resulta sobrecogedor».

Cuatro

ANTES DE CONTINUAR...

Sin apartar la mirada de nuestro destino final (¡el fondo de la piscina!) y dando por entendido que el mayor beneficio se da en las vidas de las personas que pueden hacer este trayecto de forma regular, por ahora yo solo animo a dar un primer paso. Es hora de mojarnos un poquito la cara y asomar la mirada al mundo que hay bajo la superficie.

Cuando te paras a pensar, incluso aunque por ahora no vayamos a atrevernos a sumergirnos más que unos palmos bajo el agua, estos pocos centímetros ya son, de hecho, una profundidad superior a la que están acostumbradas la mayoría de las personas.

¿La mayoría?

Sí, la mayoría. Con el paso de los años he llegado a mi propia conclusión sobre cuál es el porcentaje de personas que viene a ser «la mayoría». En realidad, especialmente en lo referente a esta área de pensamiento concreta, «la *mayoría*» podría significar cualquier cosa, desde un 51 % hasta un 99 %.

Así que, ¿qué quiero decir con «la *mayoría*»? Mucho me temo que no me toca a mí decírtelo (o, al menos, no por ahora). Yo solo soy tu acompañante en este recorrido; tu brújula. Como tu guía a este lugar poco frecuentado, sé demasiado bien que la naturaleza humana probablemente no te permitirá dejar que te tomen del brazo y te muestren el camino más de una vez. Y ese es el motivo por el que suelo responder a las preguntas... con una pregunta.

¡Mi mayor valor para ti ahora no está en decirte simplemente lo que pienso! Si fuera así, *mi* conclusión anidaría rápidamente en *tu* cabeza. Y una vez la archivaras en el cerebro, rápidamente recibiría la etiqueta de «La respuesta» y, así de fácil, ya se habría creado una barrera que evitaría que tú tuvieras que pensar más allá de lo que yo sé (y lo que ahora sabes tú también).

En vez de ello, lo que haré será ilustrar estrategias eficaces que puedes aplicar en tu propia búsqueda de la sabiduría. En estas ilustraciones incluiré ejemplos reales de resultados alcanzados por personas completamente normales que, en algún punto de sus vidas, han aprendido a desarrollar niveles de pensamiento cada vez más profundos. Y te daré también al menos un ejemplo de la frustración que puede darse cuando una persona consigue llegar al fondo de la piscina en una ocasión y nunca consigue volver.

Estoy firmemente decidido a no permitir que esta tragedia te suceda a ti. Para asegurarnos de llegar a una correcta conclusión en este primer viaje hasta el fondo de la piscina, usaremos estas páginas como tu vehículo principal. Nos detendremos a menudo, prácticamente en cada momento del camino.

A medida que nos vayamos sumergiendo cada vez más, te prometo que no nadaré demasiado rápido. En vez de ello, te iré dirigiendo de forma gradual, señalando algunos de los puntos a menudo ignorados, pero tremendamente importantes, que iremos encontrando en nuestro camino.

Eso sí, te aviso: permanece alerta en todo momento. De vez en cuando tomaremos un desvío y no te puedes saltar la salida. Estos pequeños cambios de dirección te darán tiempo para examinar un peligro concreto o comprender del todo una parte aparentemente insignificante de tu recorrido.

Ten presente que una comprensión íntima del proceso mental que te revelaré supondrá la diferencia a la hora de saber volver tú solo al fondo de la piscina siempre que surja la necesidad de hacer este recorrido.

Sí, pretendo revelarte estos secretos. Y te mostraré el camino que debes seguir. Pero yo no puedo aplicar estas lecciones por ti. Solamente *tú* eres responsable de ti mismo. Cómo, cuándo y en qué dirección piensas es una decisión que debes tomar tú solo. Es un gran honor ser tu guía, pero no olvides que la responsabilidad de cada parte de esta expedición recae sobre ti.

Y, aparte, haremos una sesión práctica rápida durante unos instantes para aprender a salir de la superficie del agua. Servirá como breve degustación para que veas cómo será el recorrido en su forma completa. Posteriormente abordaremos los problemas de seguridad, unos cuantos conceptos con los que tienes que familiarizarte, una estrategia concreta que debes aprender y varias situaciones simuladas donde acabarás comprendiendo completamente cómo aplicar todo esto.

En poco tiempo, tras una única visita guiada hasta el fondo de la piscina, recibirás un certificado oficial para guiar a tu propia familia, amigos o compañeros de trabajo a este destino, único en su especie.

Aun así, todavía no les prometas nada. En este momento están en la superficie, salpicando y divirtiéndose; probablemente la vida les parezca ya bastante buena. Así que déjalos que se diviertan. Pronto serás capaz de explicarles de forma efectiva lo mejores que pueden llegar a ser las cosas.

De todos modos, por ahora, es probablemente mejor que no estés pensando en esto. No te preocupes por ellos. Están bien. Y, en realidad, tus amigos no son ninguna excepción. De hecho, en este mismísimo momento, en todas las piscinas del mundo, a pesar de saber que pueden nadar al fondo en cualquier momento que les apetezca, casi todas las personas están flotando y meciéndose alegremente en la superficie. ¿Y por qué deberían hacer lo contrario? La superficie es más segura y hay mucha más compañía.

¿Sabes qué? La superficie de una piscina es una muy buena metáfora por el modo en que se nos ha condicionado a vivir nuestras vidas. *Somos* moradores de la superficie. Y, repito, ¿por qué deberíamos hacer lo contrario? En la superficie conseguimos resultados obvios; resultados que podemos verificar con métodos que podemos imitar. Estos resultados vuelven a ser conseguidos una y otra vez por hombres y mujeres que, al enfrentarse a las preguntas de la vida, han encontrado repetidas veces respuestas correctas.

En la superficie tenemos un consenso de opiniones. En la superficie, casi todo el mundo está dispuesto a hablar. Nos dirán cómo se hace una cosa y por qué tal otra cosa no funcionará. Y, lo creas o no, en virtud de tantísima experiencia, nacida del ensayo y el error, casi sin excepción, las conclusiones a las que llegan estos expertos y los hechos que comparten con nosotros y el resto del mundo... son absolutamente ciertos.

Está claro que, habiendo como hay tanta información buena y cierta por parte de tantos expertos (personas que ya están teniendo éxito en las áreas de la vida que consideramos importantes), tiene mucho sentido que pasemos el tiempo en la superficie. Y eso es lo que hacemos.

Mira, piensa en una cosa: cuando eras pequeño y tus padres te llevaban a la piscina, para que los adultos pudieran seguir actuando como los seres humanos racionales y tranquilos que creían ser, ¿en qué parte de la piscina te obligaban a quedarte? En la parte que no cubría, ¿verdad? Pero, incluso en esta parte poco profunda, querían que te quedaras en la superficie.

¿Y qué pasaba si *no* te quedabas en la superficie? Bueno, todo iba bien si te metías solo un poco bajo el agua. Y solo un momentito. Unos cinco o seis segundos bajo el agua y a nadie le parecía que fuera algo grave.

¿Pero recuerdas qué hicieron los adultos la primera vez que nadaste bajo el agua de una punta de la piscina a la otra? Se pusieron en pie, ¿verdad? Se acercaron a la piscina, te observaron con atención y no se tranquilizaron hasta que volviste... a la superficie.

Para que lo sepas, no es solo el condicionamiento de toda la vida lo que nos hace reluctantes a abandonar la superficie. El desafío más fuerte al que nos enfrentamos al elegir abandonar la superficie es la misma superficie. Mira a tu alrededor. Hay personas con credibilidad por todas partes, hombres y mujeres con influencia, años de experiencia y resultados visibles. Además, las respuestas que uno encuentra en la superficie son útiles, abrumadoramente ciertas y compartidas generosamente. De hecho, la misma vida suele ser magnífica en la superficie.

¡MAGNÍFICA!

Es una palabra que describe las esperanzas y sueños de toda una generación. «Magnífico», como designación, se aplica cuando hay un cierto nivel de logro en casi cualquier actividad positiva que el mundo puede imaginar. Es un jugador magnífico. Son unos padres magníficos. Es una magnífica estudiante, o doctora, o ingeniera. Son un equipo magnífico. Hemos tenido un magnífico año financiero.

La palabra refleja con precisión el lugar al que quiere llegar cualquier persona de peso: de «bien» a «magnífico». «Magnífico» es el objetivo exacto al que aspiramos la mayoría de nosotros.

Pero ¿por qué conformarnos con «lo magnífico» cuando «lo mejor» nos espera en aguas ligeramente más profundas? ¿Y por qué no hay más personas que aspiran a «lo mejor»? Probablemente por el mismo motivo por el que Bob Beamon nunca pudo volver a hacer el salto que lo catapultó a la inmortalidad en el mundo del atletismo. No resulta ningún secreto que las multitudes de personas en la superficie de la piscina son mucho más ruidosas que los que rondan el fondo.

Los Magníficos ocupan todo el espacio de la superficie y hablan con absoluta certeza de «qué es» y «qué no es», de «qué puede hacerse» y «qué no puede hacerse»; sus voces a menudo apagan los susurros más suaves de los Mejores desde el fondo de la piscina.

Pero ¿por qué conformarnos con «lo magnífico» cuando «lo mejor» nos espera en aguas ligeramente más profundas?

Ah, y para que no te tome por sorpresa: debes saber que, incluso hoy en día, cuando alguien como tú abandona la superficie en busca de aguas más profundas, todo el mundo se pone muy, muy nervioso.

«¿PUEDE REPETIRLO?»
O «¿LO REPETIRÁ?»

Es interesante saber que Bob Beamon nunca más volvió a conseguir los resultados de su legendario salto, que había conseguido cautivar al mundo entero. Durante los años posteriores, Beamon volvió en varias ocasiones al mismo estadio de Ciudad de México. Ahí compitió durante la misma época del año, con temperaturas iguales a las del día que había marcado el nuevo récord.

Los intentos de Beamon de igualar o superar los 8,90 m en aquel estadio se repitieron en la misma atmósfera ligera: la ciudad seguía estando a 2.250 metros de altitud.

Sabiendo que los récords de atletismo no son oficiales con un viento a favor superior a dos metros por segundo, todos los saltos que hizo Beamon en aquel estadio durante el resto de su carrera se hicieron asegurándose de contar con una velocidad y dirección del viento prácticamente idénticas a las que había cuando se produjo el milagro.

En más de una ocasión estuvo rodeado por los mismos competidores. Llevaba los mismos colores e, incluso, las mismas zapatillas deportivas. Pero sus resultados nunca volvieron a acercarse a los de aquel día en el que le aconsejaron que se diera «cinco centímetros por delante... [para ganar] sesenta centímetros».

¿Y por qué?

En un año, la pregunta quedó respondida de forma efectiva por expertos que redactaban sus informes desde la superficie de piscinas alrededor de todo el mundo. Cada vez se hacía más evidente, afirmaban, que Bob Beamon había recibido el favor del destino el día en el que saltó 8,90 m. Su salto sobrenatural, por el motivo que fuera, había sido simplemente un regalo de Dios, un suceso singular, comparable a ser la única persona en la historia de la humanidad que ha visto y tocado un unicornio.

A Beamon, aseguraron los pensadores de la superficie a todo el mundo, le había sonado la flauta y su hazaña había sido materializada en un solo instante antes de desvanecerse para siempre.

¿Para siempre? Eso es lo que afirmaron. Y como las conclusiones a las que llegaron esos expertos en aquellos momentos eran ciertas (y siguen siéndolo), aquí es donde la realidad se vuelve muy, pero que muy interesante.

Podría parecer que la pregunta concreta que se hacían los expertos por aquel entonces era fácil de responder. Es una pregunta que, de un modo u otro, sigue existiendo en nuestra piscina colectiva (y bastante pública) desde bastante antes de aquella tarde del 18 de octubre de 1968.

La pregunta se hizo en voz alta... y se repitió bastante. Planteada por los expertos de la superficie, era simple y directa: «¿Puede Beamon repetirlo?».

Curiosamente, la respuesta (de nuevo, cortesía de los expertos de la superficie) empezó a aparecer casi inmediatamente después de que Beamon fallara en su primer intento de «hacerlo otra vez». Con cada uno de los «fracasos» subsecuentes hasta que finalmente se lesionó, los expertos cada vez estaban más convencidos (y eran más convincentes) de que su respuesta era correcta.

Los periódicos y revistas de aquellos tiempos reflejaban la certeza de los expertos. Bob Beamon, sin duda, debía de conocer estos artículos y el veredicto «emitido» sobre su futuro.

Sabiendo que la calidad de las respuestas que uno se da suele estar determinada por la calidad de las preguntas que uno se hace, es toda una lástima que nadie preguntara (o, al menos, que nadie lo hiciera públicamente) cualquier cosa que pudiera haberle dado a un joven participante de un deporte individual la oportunidad de llegar a una conclusión diferente sobre sí mismo.

Así que, más de medio siglo después del suceso, ¿por qué no examinamos algunas de las preguntas que no se hicieron?

1. Si en los trescientos años anteriores el récord de salto de longitud solo se rompió trece veces con una media de seis centímetros cada uno, ¿sería razonable asumir que ningún

competidor en la historia de ese deporte se había acercado al taco de salida pensando que iba a romper el récord con una diferencia de sesenta centímetros?

2. El 18 de octubre de 1968, mientras ponía el pie en el taco de salida, ¿acaso Bob Beamon se planteó superar el récord mundial en 60 centímetros? Bueno, según lo que Ralph Boston le dijo al joven Beamon, de 22 años, justo antes de saltar («Date cinco centímetros por delante. Ganarás sesenta centímetros cuando caigas»), sabemos que la posibilidad de un salto así estaba, al menos, en su mente.

3. ¿Alguna vez has tenido días en los que, sin un motivo concreto, te sentías más fuerte (tenías más energía) que el día siguiente o el día anterior? ¿*Eras* físicamente más fuerte? ¿Realmente tenías más energía? Asumiendo que tener «mayor fuerza y un nivel de energía superior» te hace más productivo que tener «menos fuerza y un nivel de energía inferior», ¿en qué punto decidiste que, pasadas veinticuatro horas después de un muy buen día, ya no serías «tan bueno»? ¿Realmente lo decidiste? ¿Alguna vez te has planteado que cualquier «sensación» que hayas experimentado era el resultado de una elección activa?

4. ¿En algún momento de tu vida te has subido a la balanza sintiéndote más delgado y esbelto y has visto que tenías prácticamente el mismo peso que hacía unos cuantos días, cuando te sentías cansado y con sobrepeso?

5. ¿La mente realmente tiene alas? Cuando Ralph Boston le dijo a Bob Beamon que sus piernas nunca habían sido

tan fuertes como en ese momento, ¿Beamon se lo creyó? Cuando Boston declaró que el cuerpo de Beamon no pesaba nada, ¿qué creyó Beamon? Cuando oyó las palabras «En este momento tu cuerpo no pesa nada», *¿cómo* pensó Beamon?

6. **«Si piensas que puedes, tendrás razón. Si piensas que no puedes, también»** ¿Alguna vez has visto que esta frase fuera aplicable, en cierto modo, a los resultados que has ido teniendo durante tu vida? ¿Crees que se aplica mejor a los demás que a ti mismo? El 18 de octubre de 1968, en el momento antes de saltar, ¿crees que Bob Beamon estaba pensando que podría «ganar sesenta centímetros»? En el momento antes de saltar, ¿cabía la posibilidad en la cabeza de Beamon de que no fuera posible hacerlo?

7. ¿Es cierto que a Beamon «le había sonado la flauta y que su hazaña se materializó en un solo instante antes de desvanecerse para siempre»? Cuando se planteó la pregunta «¿Puede Beamon repetirlo?» por primera vez, ¿alguien fue capaz de advertir el terrible daño que hacía una pregunta tan horrorosa?

¿La mente realmente tiene alas? Sí, absolutamente. Y, por desgracia, también tiene un ancla. Y ambas cosas pueden entrar en acción con tan solo un pensamiento.

Una mente con las alas completamente extendidas crea una ráfaga de acciones correctas que acaban llevando a unos resultados positivos. Estos resultados se pueden identificar con claridad,

«¿Puede Beamon repetirlo?»... ¿Alguien fue capaz de advertir el terrible daño que hacía una pregunta tan horrorosa?

incluso para aquellos observadores momentáneos que a menudo describen lo que está pasando como «llevar impulso».

Por otro lado, cuando una mente cierra las alas y echa el ancla, los resultados cada vez más pobres también son identificables, incluso para los observadores momentáneos que a menudo describen la situación negativa como «perder impulso».

¿Es importante el impulso? Sí, si eres un atleta. Sí, si trabajas en el mundo de los negocios. Sí, si quieres llevar a tu familia en una dirección positiva. Sí, de hecho, si estás en cualquier tipo de proyecto donde haga falta la colaboración entre varias personas y quieres que otros se sumen a él.

Los efectos del impulso son fáciles de predecir si uno comprende lo que el poder realmente hace en una persona. Y, a propósito: lo que el impulso logra en una persona es exactamente lo mismo que puede lograr en un equipo, una familia, una organización o un negocio. Cuando uno tiene impulso, los resultados de cualquier acción son mejores de lo que la realidad dicta que deberían ser. Pasa lo mismo a la inversa: cuando uno carece de impulso, los resultados de cualquier acción son peores de lo que la realidad indica que deberían ser.

Dicho de otro modo, con impulso, tu equipo parece mejor de lo que es. Y, sin impulso, parece peor de lo que es.

¿Es posible que Bob Beamon perdiera impulso rápidamente después de lograr lo que se considera el suceso más espectacular de la historia del atletismo? Sí. No solo es posible, sino que es lo que sucedió.

«¿Y cómo pasó eso?», te preguntarás. Volvamos a esta horrible pregunta y, a medida que le damos vueltas, te voy a volver a pedir que tengas presente que la calidad de las respuestas que uno se da suele estar determinada por la calidad de las preguntas que uno se hace.

Entonces, ¿por qué «¿Puede Beamon repetirlo?» era la pregunta incorrecta? Por el motivo, sorprendentemente simple, de que «no» era una respuesta terriblemente incorrecta con unas consecuencias devastadoras. Y fue lo que provocó que la mente de Bob Beamon decidiera echar el ancla.

Si la pregunta hubiera sido «¿Beamon lo repetirá?», la respuesta por parte de cualquier persona hubiera sido perfectamente aceptable. Hubiera sido una opinión, una predicción sin más fuerza en la mente de Beamon que la de cualquier cuento de hadas o fábula.

Pero la pregunta fue «¿*Puede* Beamon repetirlo?» y la respuesta a eso debería haber sido un «*¡sí!*» rotundo. Porque ya lo había hecho. Era obvio que Bob Beamon era físicamente capaz de saltar 8,90 metros. ¿Obvio? Sí, porque justo lo acababa de hacer.

Así que, si Beamon fue físicamente capaz de saltar esa distancia en una ocasión, ¿qué podía impedir que lo consiguiera de nuevo? No podía ser una barrera física. Ya le había demostrado al mundo (y a sí mismo) lo que era capaz de hacer con el cuerpo. Por lo tanto, la única barrera posible fue la que creó en su propia mente.

En una tarde de octubre de 1968, hubo un momento, en un estadio repleto de gente desgañitándose, en el que Bob Beamon escuchó una sola voz. La voz de su mentor. Las palabras de Ralph Boston le dieron alas a la mente de Beamon, y esas alas impulsaron a su cuerpo por los aires hasta conseguir una marca que iba mucho más allá de la que cualquier otro atleta pudiera haber imaginado.

Aun así, poco después de su triunfo en Ciudad de México, se dio el fenómeno opuesto. En vez de escuchar la voz que le decía lo que era posible, la mente de Beamon quedó asediada por las voces de expertos que declaraban que *lo que él ya había conseguido…* era imposible.

En efecto, un día concreto, con veintidós años, la mente de Bob Beamon llevó a su cuerpo a hacer lo que era capaz. Y durante cada uno de los días del resto de su carrera, esa misma mente le dijo a ese mismo cuerpo que el salto récord, el salto que el cuerpo ya había realizado, era un fenómeno completamente anormal, pura chiripa, un caso excepcional.

En esencia, Bob Beamon le dijo a Bob Beamon que Bob Beamon nunca más podría volver a saltar tan lejos.

Y nunca más lo volvió a hacer.

PREFACIO

Me pregunto... ¿cuántas veces te saltas *tú* por completo el prefacio de un libro? Personalmente, mi respuesta sería «bastante a menudo». No estoy seguro de por qué. Quizá mi TDA entra en escena y solo me apetece ir directamente al contenido principal. Así que, muy a menudo, me salto todo lo que hay en un libro antes del capítulo 1.

Los datos estadísticos que hay sobre los lectores y sus hábitos de lectura mostrarían que si tampoco lees casi nunca el prefacio, tú y yo nos contamos entre la mayoría. Una vez vi un análisis estadístico de *cuán poca* gente se lee el prefacio de cualquier libro y me quedé... ¿asombrado?, ¿boquiabierto? No, *nada sorprendido*.

¿Y por qué? Me imagino que no me sorprendió el porcentaje de lectores que no se leen un prefacio porque la mayoría de los prefacios que he leído son aburridos e innecesarios.

Tras decir esto, tenía *muchísimas ganas* de que tú leyeras mi prefacio. Así que lo he puesto aquí. Tras el capítulo 5.

«¿Habrá aprobado tu editor esta idea?», puede que te preguntes.

No, claro que no. Verás, «estas cosas se hacen de una forma concreta». Y esta no es la forma.

A mi editor tampoco le gusta que ponga más de una señal de exclamación al final de una frase. El uso excesivo de cursiva, negritas y cambios de tipo de letra conmocionan a estos profesionales de los libros mucho más que entregarles un manuscrito mucho más tarde de lo prometido. Me dijeron que habían instalado un desfibrilador en el pasillo justo al lado de la puerta del despacho de mi editor. Pero no debería presumir de esto.

Y… no les gustan demasiado estos tres puntos… (Les llaman «puntos suspensivos». Pero tú y yo sabemos que se llaman «tres puntos»). Y no les gusta demasiado que empiece las frases con las palabras «Y» o «Pero».

Pero… ¡¡¡yo lo hago IGUALMENTE!!!

Mi razonamiento no es demasiado complicado. Mientras escribo me voy imaginando que estoy conversando contigo. Voy escribiendo y asumo que tú y yo, si estuviéramos en la misma habitación, estaríamos hablando. Oigo tus preguntas. Comprendo tus dudas. Y, de vez en cuando, percibo tus miedos. Por lo tanto, imaginándome que me estás escuchando, veo estas páginas como una barrera entre nosotros que intento salvar haciendo pausas con estos tres puntos… hablando lentamente con la cursiva y subiendo el volumen con unos cuantos signos de exclamación.

¡¡¡Es la única forma que tengo de hablar más fuerte por escrito!!!

Antes de que podamos terminar con este prefacio, ¿no te preguntas por qué he elegido un lugar tan inusual en el libro donde poder recoger estas ideas? La respuesta no es complicada. Como he confesado antes, en la mayoría de las ocasiones me salto el prefacio en vez de leerlo. Y eso por no hablar de las veces que paso de las introducciones y prólogos.

Aun así, sabiendo que tú y yo nos parecemos mucho (y sabiendo que, desde luego, yo sí que le prestaría atención a un prefacio puesto en un lugar tan curioso como este), admitiré rápidamente que el resultado que buscaba es el que ha sucedido ahora: quería que leyeras el prefacio.

¡Espera! No te vayas...

Sí, el prefacio que estás leyendo ahora *está* en lo que parece ser un lugar ridículo. Y aunque lo he puesto aquí para que lo leyeras, el hecho de que realmente lo estés leyendo me permite revelar el motivo principal por el que, ya para empezar, decidí ponerlo aquí.

En resumen, quería darte una «prueba» de que el tiempo que estás invirtiendo, la concentración que necesitarás y el trayecto a nado que vas a hacer valdrán la pena. La verdad que descubrirás en el fondo de la piscina, si decides aprovechar su poder singular, te dará la oportunidad de crear resultados increíbles a partir de lo que, de forma general, se podría considerar una situación razonablemente positiva.

Y este prefacio ha sido tu primera prueba de que pensar más

allá de los límites tradicionales puede producir resultados extraordinarios. ¿Lo has visto?

Para que comprendas cómo ha funcionado esta demostración, tú y yo tendremos que pensar a un nivel más profundo y más literal de lo que puede encontrarse en la superficie. Recuerda que la superficie es lo que todo el mundo ve. La superficie contiene la lógica y la información que todo el mundo conoce. Pero estamos a punto de asomar la cabeza *por debajo* de la superficie. Esto es solo un primer vistazo. Nada complicado. Nada que dé miedo: solo un pequeño pasito más allá de lo que la mayoría se atreve a avanzar.

Contempla el desafío que supone para cada autor el prefacio que ha escrito para un libro al que ha dedicado meses o años de su vida. El autor de cada libro con un prefacio desea con ansias que todo lector se lea ese prefacio. Si no fuera así, ¿por qué iba a dedicar tiempo a escribirlo? ¿Para qué iba a incluirlo en el libro?

Por desgracia, como ya sabes, los datos estadísticos demuestran que la mayoría de los lectores se salta el prefacio, pase lo que pase.

Aun así, resulta extraño que, con solo colocar el prefacio en una posición inesperada (tanto que el lector puede incluso sospechar que alguien ha metido la pata, y mucho), prácticamente todas las personas que tienen ese libro *sí que se leen* ese prefacio.

En comparación con el porcentaje de las personas que se compran un libro normal y leen el prefacio, los resultados de esta extraña maniobra pueden parecerles a algunos una posibilidad al azar o un golpe de suerte. Pues no. El hecho de que el lugar del prefacio haya sido planeado estratégicamente y los resultados se hayan predicho con precisión nos dan a ti y a mí la prueba del tremendo valor que tiene pensar de un modo que lleve a una comprensión más profunda de la que podríamos tener en la superficie.

Este es solo un ejemplo que examinaremos: el ejemplo de conseguir resultados extraordinarios con solo «irnos por la izquierda» cuando los estándares del sector exigen un giro a la derecha.

Un razonamiento más intencional y profundo muy a menudo nos llevará más allá de lo que es cierto y nos conducirá, finalmente, hasta la verdad. Examinaremos mejor este concepto más adelante pero, por ahora, planteémonos lo siguiente:

> *Aunque es cierto que los editores siempre colocan el prefacio al principio de un libro, la verdad es que el prefacio puede ir en cualquier lugar que quiera el autor.*

Creo que el hecho de que todavía estés aquí augura cosas buenas para nuestra relación. Así que gracias por leer hasta este punto. Mi intención es documentar y explicar lo que he aprendido durante los últimos años con la esperanza de que tú consigas una comprensión que te cambie

El hecho de que el lugar del prefacio haya sido planeado estratégicamente y los resultados se hayan predicho con precisión nos dan a ti y a mí la prueba del tremendo valor que tiene pensar de un modo que lleve a una comprensión más profunda de la que podríamos tener en la superficie.

la vida. Para que esto pueda pasar, también sé que el contenido de este libro tiene que ser lo suficientemente atractivo como para que te atrape y te haga reflexionar durante toda su lectura.

¿Reflexionar durante toda su lectura? Sí. Es lo único que realmente puedo ayudarte a hacer. Al fin y al cabo, no conozco los detalles y las complejidades de tu vida. ¿Tienes una relación importante que está pasando por un mal momento? ¿Tu vida profesional está produciendo los resultados financieros que esperabas? ¿Tu familia se ha alejado tanto que ya no puedes recuperarla? Solo tú sabes seguro dónde te hace falta una inyección masiva de resultados extraordinarios.

Quizá se trata de un pensamiento simple, pero para mí es de vital importancia que este libro sea interesante. Mientras vayas leyendo es posible que veas que la línea narrativa da unos giros tremendamente bruscos. No te asustes. Solo tienes que agarrarte fuerte con una mano mientras con la otra te dedicas a decirle adiós a la frase «así es como todo el mundo hace las cosas».

PENSAR MÁS ALLÁ DE
LO QUE ES CIERTO

Hace cientos de años, en Europa, era costumbre que los jueces se pusieran un sombrero específico en la cabeza antes de sentenciar a un criminal. Como el juez solía ser la persona más sabia del lugar, se consideraba que los jueces eran «grandes pensadores». Pasado un tiempo, el sombrero que llevaba el juez acabó siendo conocido como «una gorra de pensar».

No creo que nadie pensara realmente que taparse la cabeza con algo en concreto sea capaz de proporcionar sabiduría o respuestas correctas, pero no pasó mucho tiempo hasta que el término se popularizara en una frase que todavía hoy en día es familiar.

De pequeño, cuando mi madre quería que yo me concentrara con fuerza o que me centrara, ella me animaba y me preparaba para lo que estaba a punto de aprender o para el problema que tenía que resolver. Hablando de forma figurada, mi madre me llevaba hasta la línea de salida y, justo antes de meterme de lleno en lo que tuviera que leer, hacer, resolver o comprender, ella daba el pistoletazo de salida. Me solía decir: «¿Estás listo? Bien. Pues ahora, ¡ponte la gorra de pensar y empieza!».

Hace algunos años empecé a reexaminar con atención varias de las cosas que me habían enseñado a creer que eran ciertas. Para mi alivio, la mayoría de estas cosas *sí que eran* ciertas. Por desgracia, muchas de ellas no eran la verdad.

Y fue con este inquietante pensamiento que emprendí una búsqueda precavida pero decidida para encontrar la realidad que pudiera haber más allá de los límites establecidos en nombre de las «prácticas recomendadas», «estándares del sector» o «el modo en el que se hacen las cosas». De forma curiosa, no encontré las respuestas que buscaba mirando a la derecha o la izquierda. Y tampoco hubo alguna perspectiva en ángulo o desde arriba que me fuera demasiado útil.

Hacia abajo.

Fue el último lugar en el que se me ocurrió pensar, pero ahí estaba el tesoro. Y no a medio camino hacia abajo. No; en el fondo de todo.

Puede ser útil comprender que *en todas las profesiones hay un resultado común, promedio.* Aunque la media a nivel personal no se discute tan a menudo, también hay unos resultados medios en nuestras vidas privadas. Como padres, cónyuges o ciudadanos de la comunidad, cada uno de nosotros produce un resultado. Si nuestros resultados se agrupan, se miden y se promedian, habrá, por definición, un resultado promedio (o común). La mayoría de estos resultados comunes son buenos; puede que algunos incluso lleguen a superar el umbral y adentrarse en la categoría etiquetada como *magnífico*.

En lo que ahora nos ocupa, tú y yo estamos buscando un lugar que va mucho más lejos. A medida que avanza nuestro camino, resulta útil seguir planteándonos este hecho:

> *Cualquier respuesta que sea cierta producirá*
> *resultados suficientes y, en ocasiones, excelentes.*

Aun así, este es exactamente el motivo por el que la mayoría de las personas nunca busca una comprensión todavía más profunda del asunto. ¡Jamás se les pasa siquiera por la cabeza! Al fin y al cabo, ya tienen la respuesta: era cierta y ha producido los resultados esperados.

De hecho, cuanto más triunfe uno (cuanto más cerca esté de ser reconocido como el mejor en cualquier campo), precisamente debido a los logros que ha alcanzado, menos probable es que intente pensar más allá de aquello que, para empezar, le ha hecho llegar al punto donde está.

Aun así, sí que existe una comprensión más profunda de casi cualquier tema que tú y yo podamos considerar

Cuanto más triunfe uno (cuanto más cerca esté de ser reconocido como el mejor en cualquier campo), precisamente debido a los logros que ha alcanzado, menos probable es que intente pensar más allá de aquello que, para empezar, le ha hecho llegar al punto donde está.

importante. Esa comprensión más profunda está disponible si la buscas, ya que está al alcance de cualquiera que desee la sabiduría que proporciona.

La definición más comúnmente aceptada de la sabiduría es «una comprensión más profunda de un principio». Si uno desea hacer negocios, tener hijos o competir de forma honrada, ¿acaso no tiene sentido que sea necesaria una comprensión de cualquier principio aplicable en una situación particular? ¿Y acaso el valor del principio no será más efectivo cuando la comprensión del principio aumenta y pasa a ser un nivel de comprensión más profunda? Yendo todavía más lejos, ¿habrá un nivel de comprensión superior al de la comprensión más profunda? Sí. Y, por extraño que parezca, ese nivel se describiría como «comprensión más profunda».

El poder de la sabiduría a veces está más cerca de lo que esperamos pero, a menudo, se encuentra integrado en la base sólida del principio. Está en lo profundo, solo se encuentra cuando se busca expresamente y contiene el poder para cambiar el mundo si se le da la oportunidad. Su realidad existe mucho más allá de lo que todos sabemos que es meramente verdad.

Y este aliado incondicional e invencible se llama... *LA VERDAD*.

Siete

IMAGINAR EL SENTIDO DEL HUMOR

¿**E**stás sonriendo? Ahora mismo; es decir... Me imagino que llevas puesta la gorra de pensar, ¿no? ¿Qué aspecto tiene? ¿Se te ve un poquito ridículo o qué?

Si no estabas sonriendo antes, ¿y ahora? ¿Sonríes? ¿Aunque sea un poco?

¡Genial!

Anda, que aquí no hay nadie más aparte de nosotros dos. ¿Te parece bien que hagamos un descansito? Necesito estirarme un par de minutos; quizá me ponga a correr sin moverme del sitio para activarme. Vale, vamos a asegurarnos de que las gorras de pensar están bien puestas; que no se nos vayan a caer.

Si no has visto ya mi mirada de admiración, tengo que decirte que la gorra te queda especialmente elegante. Me gusta cómo la llevas, así, un poco bajita, un poquito inclinada, a lo informal. No, no, el rojo de la gorra no es demasiado llamativo. Ah, sí, es *perfectamente* aceptable llevar una gorra de pensar dentro de casa, no es de mala educación.

Bueno, claro, es que una gorra *normal* no la llevarías dentro de un sitio. ¿Las gorras que todo el mundo puede ver? No, no, qué va. Claro que no. En el interior no. ¿Sabías que la primera vez que el equipo de fútbol americano de Alabama jugó en un estadio cubierto, Bear Bryant no se quiso poner su famoso sombrero de cuadros blancos y negros en la banda? ¡Explicó que era porque su madre le había dicho que un caballero se quita el sombrero cuando entra dentro de un sitio!

Pero *esto* es distinto. Si has conseguido una gorra de pensar de buena calidad, pues mira, siempre he pensado que cuanto más te la pongas, mejor.

Hace varios años tuve que ponerle una correa a la mía. Y va bien. Quizá es porque soy yo pero, durante un tiempo después de conseguir mi gorra (y de no siempre acordarme de ponérmela), cada vez que me enfrentaba a una situación estresante la gorra de pensar se me caía o salía volando. Naturalmente, no caía en la cuenta de que ya no la llevaba puesta. Y, sin siquiera advertirlo, iba y tomaba otra decisión cuestionable, que seguro que ni se me habría pasado por la cabeza si hubiera llevado puesta la gorra de pensar.

Y por eso me puse la correa. Solo tengo que acordarme de abrochármela.

Oye, una cosa… Antes de volver a meternos de lleno en el asunto, me gustaría decirte cuánto aprecio que estés dispuesto a controlar tu imaginación y me sigas el juego con todo esto de la «gorra de pensar». También has demostrado un gran sentido del humor, sí. Créeme, es un todo un plus.

Es triste decirlo, pero de vez en cuando *sí* que me cruzo con personas que, pase lo que pase, se niegan en redondo a ser un buen miembro del equipo si no son los capitanes.

Mira, independientemente de lo estresante o triunfante que pueda ser una situación momentánea, la capacidad de una persona de mostrar externamente que «disfruta del momento» y de «ser agradable con los demás en el momento» son indicadores esenciales y fácilmente observables que revelan de qué pasta está hecha esa persona.

Estos indicadores muestran el grado de adaptabilidad y paciencia de una persona, y su nivel actual de disciplina personal. Para aquellos que se dedican a crear equipos, es importante tener presentes los rasgos de carácter de este tipo antes de decidir el grado de responsabilidad que se le puede confiar a alguien.

Si tienes presente que un equipo no se limita solo a jugar al fútbol (*las familias, empresas y organizaciones benéficas también son equipos*), un sentido del humor ampliamente desarrollado y la capacidad de controlar la envergadura y el límite de la propia imaginación pueden ser tremendamente beneficiosos para todas las personas que forman parte del grupo.

Muchas veces hay responsabilidades sobreentendidas que los miembros de un equipo aceptan sin decir nada. Hay acciones que nadie ve y que una persona hace constantemente para su familia. En estos actos de servicio, que al parecer pasan desapercibidos, hay una oportunidad de mejora constante e inacabable de la actitud, la ética laboral y los resultados de todas las personas a las que el individuo puede afectar. Cualquiera cuyo corazón pueda ser tocado por la amabilidad posee un espíritu capaz de comprender el valor superior de los demás.

Desarrollar el sentido del humor y usarlo es, evidentemente, una decisión que todo el mundo toma, ya sea de forma consciente o por defecto. Pasa lo mismo a la hora de alimentar el presente y el futuro con una imaginación bien controlada.

Si has quedado atrapado en las arenas movedizas de la vida... si *sin querer* has acabado adentrándote en un camino repleto de malos resultados, ¡tengo una muy buena noticia para ti! ¡Porque ahora sabes algo que no sabías hace tan solo unos instantes! Con la misma rapidez con la que puedes chasquear los dedos mentalmente también puedes empezar también a alterar la trayectoria de tu futuro.

Esta inversión de la fortuna del destino se consigue más fácilmente de lo que podrías sospechar. Y, realmente, si dudas de lo que te estoy diciendo ¿no estarás simplemente proporcionándome *más* pruebas de que hace falta un nivel de pensamiento diferente? En serio ¿no *quieres* que conseguir invertir la fortuna del destino sea fácil? Las respuestas (en caso de que te hayas quedado en blanco) serían *SÍ* y *SÍ*.

Por lo tanto, ha llegado el momento de decidir y actuar a partir de esta decisión de inmediato. Ahora mismo... Dale al interruptor interno que activa tu increíble sentido del humor. Si lleva bastante tiempo sin usarse, no te preocupes. Siguen quedándole pilas. Espera un poquito... ¡Mira! ¿Has oído es *zuuuuuuum*? Bien.

Yo también. Así que tu sentido del humor ya está activado y con ganas de que lo uses.

Ahora ya puedes empezar a ejercitar el otro don personal que hemos mencionado antes: ¡tu imaginación controlada!

En la categoría «Para que lo sepas», aunque estemos charlando informalmente sobre este tema durante lo que quizá creas que es un pequeño respiro del tema principal, no pienses ni por un segundo que estoy de broma. De hecho, creo que soy una persona bastante seria en lo referente al «sentido del humor».

Y, por favor, no te preocupes porque parezca que me he alejado del punto principal. No es así. De hecho, si te adentras demasiado en este libro sin comprender el punto principal, seguramente dejarás de leer. Vaya... teniendo esto en cuenta, me parece que debería intentar asegurarme de que comprendes cuál es el punto principal.

Tú.

El punto principal eres tú.

Mira, léete los capítulos en orden. Léetelos por separado. Empieza el libro por la mitad si te apetece. Da igual.

Siempre que lo leas con una resolución personal.

Hay libros que se leen para entretenerse; otros, para conocer los avances que ha habido en tu sector o para comprender una opinión opuesta a la tuya. Cuando te animo a leer con una resolución personal, lo que estoy recomendando vehementemente es que leas este material tras haber determinado, de forma específica, al menos unos cuantos de tus mayores sueños y esperanzas.

Ten presente que la mayoría de las personas nunca llegan siquiera a imaginar qué suceso o circunstancia puede tener que suceder para que los resultados de su vida pasen de ser aceptables a increíbles. En vez de ello, muchos de nosotros (con parpadeos mentales momentáneos ante la posibilidad de lograr resultados increíbles) decidimos activamente pasar a controlar nuestra imaginación bloqueándola por completo, sin permitirnos pensar jamás en lo que podría pasar. Porque ya hemos decidido qué va a pasar.

En otras palabras, podemos crear una atmósfera donde nunca reconozcamos las muchas claves (necesarias para obtener un resultado superior en cada área de nuestra vida) que llevan desfilando directamente bajo nuestras narices años y años. Al fin y al cabo, ¿cómo puede alguien ver una cosa que está convencido que no existe?

¿Alguna vez (o, quizá sería más adecuado preguntarte «¿Cuántas veces...?») te ha pasado algo como la situación siguiente? Imagina que estás en la cocina y le gritas a alguien de tu familia:

—Oye, ¿dónde está la pimienta en grano?

—Ahí, encima del fregadero, con las especias —responde.

—No la veo —le dices.

Algo exasperado, el otro te lo asegura, convencido:

—¡Que sí, que la he puesto ahí hace menos de una hora!

Ahora eres tú el que está un poco hasta las narices.

—Mira, te lo estoy diciendo; estoy justo delante. ¡Estoy *mirando ahora mismo* encima del fregadero y la pimienta no está ahí!

En ese punto es cuando tu familiar irrumpe en la cocina, te aparta de un empujón, levanta la mano por encima del fregadero para agarrar la pimienta en grano y la planta ante tu cara.

—Ay, lo siento mucho —respondes, avergonzado—. Es que no la veía, de verdad.

Tienes razón, no la veías. Claro que no la veías. Plantado ante la pimienta en grano, acababas de afirmar: «No lo veo». Habías dicho, básicamente: «¡La pimienta no está ahí!».

Tu boca le dice a tu mente: «La pimienta no está ahí». Tu cerebro les dice a tus ojos: «La pimienta no está ahí». Y por raro que pueda parecer en ese momento, tus ojos no ven la pimienta. Todo, por supuesto, es obra de la imaginación.

Y una imaginación lo suficientemente potente como para hacer que las cosas desaparezcan ante tus mismísimos ojos también es lo suficientemente potente como para ver cosas que todavía no existen.

Así que... ahora mismo... imagina lo que previamente era inimaginable. ¿Qué resultado consideras que está más allá de tus capacidades? Ve hasta ahí. Míralo desde todos los ángulos. ¿Qué respuesta específica necesitas para hacer que este sueño sea una realidad? Ahora, sigue adelante, *leyendo con una resolución personal*. Imagina que la respuesta que buscas está escondida en este manuscrito. Y no te sorprendas cuando la encuentres.

Lo que hacen la mayoría de las personas, el modo en que lo hacen y lo que pasa cuando lo hacen no debería importarte en este momento. Deja de pensar en todos los demás y en lo que creas que puedan pensar sobre ti, sobre este libro o sobre cualquier otra cosa. Las anomalías estadísticas son interesantes, pero no tienen ninguna influencia sobre el punto principal.

El punto principal, *mi* punto principal, eres tú.

Tú.

Ninguno de nosotros está interesado en el ya bastante trillado objetivo de *producir un poquito más* que la vez anterior. No, no, no. Quiero equiparte para producir resultados que van mucho más lejos de lo que la mayoría de las personas pueden llegar a imaginar. ¡O incluso llegar a imaginar que *pueden* llegar a imaginar! Después, quiero que tengas total confianza en ti mismo, que creas que puedes darle un vuelco a la situación para poder doblar los resultados que producías antes.

Ahora mismo solo quiero que recuerdes que el punto principal eres tú. Por lo tanto, te ruego que tomes el timón de tu imaginación, que la controles y que pongas tu sentido del humor a máxima potencia.

> **NOTA:** *Si lo necesitas, vuélvete a leer la frase anterior, pero ten presente que aunque el tono de mis instrucciones es desenfadado, el éxito de tu primera exploración (esta) del concepto y subsecuente recorrido hasta el fondo de la piscina depende de que te tomes o no en serio la instrucción anterior. Así que, de nuevo y por favor, para asegurarnos la jugada, vuélvete a leer la frase anterior, la que empieza por «Ahora mismo...».*

¿Ya estás? Perfecto. Ahora que ya tenemos un acuerdo entre manos, me siento todavía más emocionado por el viaje que estamos a punto de emprender. Al fin y al cabo, aunque estoy preparado para ser tu compañero de expedición, a ninguno de los dos nos apetece cruzar la tundra siberiana (también conocida como «el mundo de hoy en día») con un compañero que no tiene control sobre su imaginación. O que no tiene sentido del humor.

Nuestra imaginación se encargará de gran parte del trabajo pesado en este viaje y nos dirigirá a rutas que, aunque siempre han estado a plena vista, nunca se han recorrido.

Por cierto, ¿te has preguntado por qué añado la palabra «*controlada*» cuando hablo de la imaginación? Pues porque una imaginación *des*controlada puede crear problemas mucho mayores que cualquier cosa a la que te quieras enfrentar.

El hecho de que las personas a menudo permitan que su propia imaginación las aterrorice resulta bastante desafortunado. El miedo. Rara vez producto de la realidad, el miedo no es más que un mal uso de la creatividad natural que poseemos. Un mal uso de nuestra imaginación le concede poder al miedo. Tienes que saber que el miedo y sus diversos y demoníacos familiares no existen (y no pueden existir) sin tener un humano en el que anidar.

Incluso aunque el proceso a través del cual el miedo y el odio y la rabia toman forma es específico, estas fuerzas

Recuerda que el punto principal eres tú; por lo tanto, te ruego que tomes el timón de tu imaginación, que la controles y que pongas tu sentido del humor a máxima potencia.

de destrucción no tienen la capacidad de pasar a la vida si no las invitamos. Nunca empiezan a existir porque sí. En vez de ello, las creamos *cuando las pensamos*. Nosotros.

Exacto. ¿Estás familiarizado con esa bola de demolición que es el miedo y que, de vez en cuando, destruye todo a su paso en tu hogar, tu familia y tu negocio? Aunque el daño hecho sea real, la bola de demolición y la cadena de la que cuelga solo empiezan a ser una amenaza tangible cuando permites que tu imaginación vague sin control.

El miedo injustificado debilita el corazón y el espíritu de una persona. El miedo que no tiene base produce inutilidad en un corazón y un espíritu que originalmente fueron creados con fuerza y valentía. El miedo manifestado y alimentado por una imaginación desbocada también disminuirá tremendamente la fuerza mental y emocional de los miembros de una familia o un equipo y de prácticamente cualquier persona lo bastante desafortunada como para estar cerca.

Una persona con una imaginación indisciplinada puede extender el miedo como una plaga y desmoralizar por completo a una empresa, iglesia u organización benéfica tras convertir obstáculos ordinarios en montañas de dudas insalvables.

Tu imaginación, aun así y a partir de ahora, está bajo control.

Está bajo *tu* control. La imaginación que posees y cuidas es una fuente fiable y constante de pensamientos e ideas escogidos, cada uno dominado y dirigido... por ti.

TU imaginación, por lo tanto, es una fuente fiable de ideas, impertérrita ante los espejismos de los problemas y los miedos. Al enfrentarte a una montaña, puedes confiar en que tu imaginación podrá cavar por debajo o abrirse paso a través de ella, volar por encima o escalarla.

Y en lo referente a ser capaz de reír con otros y reírse de uno mismo, esto también es un asunto más importante de lo que pueden creer la mayoría de las personas. Así que te ruego que me permitas repetirme... Creo que soy una persona bastante seria en todo esto del «sentido del humor». Vayamos a donde vayamos, sea cuando sea, ¡un gran sentido del humor hará que el viaje de todo el mundo sea mucho más divertido!

Y YA QUE HABLAMOS
DEL TEMA...

... no *TE ATREVAS* a decirme que no tienes demasiada imaginación o que no tienes mucho sentido del humor. Si realmente piensas *eso* sobre ti mismo, creo que más te vale entender esto también: estás viviendo de un modo innecesariamente difícil. Y cada día, al imaginar que tú no tienes una vena humorística, decides ponértelo todavía más difícil.

Sabiendo que *no* quieres retrasar la puesta en práctica de todas las cosas que puedes aprender, ten presente que es perfectamente aceptable pedirle prestada la imaginación a un niño de cinco años o el sentido del humor a uno de tus amigos más carismáticos.

En serio, si realmente crees que no tienes demasiada imaginación o que no tienes un buen sentido del humor, quiero que sepas que ninguna de estas creencias es verdad. Lo que es todavía peor: son mentiras. Son mentiras que te has *dicho a ti mismo*. Pero tienes que comprender que no has llegado a estas conclusiones *tú solito*.

Lo que es más probable es que en algún momento oyeras un comentario despectivo de que no tenías sentido del humor a alguien que no era tan gracioso como creía ser. Aunque oyeras ese comentario hace mucho, mucho tiempo, se te ha quedado clavado, no sabes bien cómo. Y ahora, sin siquiera advertir que tú realmente acabaste creyéndote esa idea a lo largo de los años, *sí que has* cambiado. Porque te han «ahumado». Sí, sí. Como el salmón.

Si alguna vez has cocinado con humo, sabrás lo difícil que es quitarte ese olor de encima. Incluso después de lavarte varias veces, la peste a ahumado no se va. Pero esa es precisamente la idea.

Curar la carne es un proceso lento que permite que el humo pueda filtrarse dentro de cada apertura y fisura de lo que se está preparando. El humo convierte lo que estás cocinando en algo totalmente distinto. ¿No te convence la explicación? El sabor, desde luego, es distinto. Pruébalo en tu supermercado. Puedes comprar jamón. También puedes comprar jamón *ahumado*. ¿Salmón... o salmón ahumado? Sí, vaya, lo mismo. Pero diferente.

En cierto sentido, en algún momento de tu pasado lejano, a ti también te «ahumaron». No serás el único al que le ha pasado esto. Por algún motivo, parece que de vez en cuando les damos más crédito a las opiniones de los demás sobre nosotros... que a nuestra propia opinión de nosotros mismos. Puede pasar. Lo sé. Yo mismo lo he hecho.

Pero nunca más.

Permíteme dejártelo bien claro. Tienes una maravillosa imaginación y un magnífico sentido del humor. No me lo discutas. No puedes. De todos modos, ¿a quién vas a creer: a la chica que soltó una estupidez cuando estabas en el instituto... o a mí?

Además, ella nunca te cayó bien. Ve a por la respuesta fácil... créeme a mí.

Ocho

¿NO ES OBVIO?

¿Te sorprende saber que Kevin Perkins y yo hemos seguido siendo amigos íntimos con el paso de los años? Sí, todavía nos vemos a menudo y hablamos de forma regular. Hace un tiempo, Kevin y su esposa, Glenda, estaban en nuestra casa para cenar. Y, como siempre, todos estábamos contando historias y partiéndonos de la risa.

Por algún motivo salió el tema de «Veranos de cuando éramos niños», lo que llevó a la popular subcategoría de «Historias de la piscina»; no pasó demasiado tiempo antes de que Kevin y yo acudiéramos a nuestro menú desplegable mental y nos pusiéramos a deleitar a nuestros hijos con la historia estrella. Y sí, como seguramente ya habrás adivinado, se trata de nuestro clásico relato de «El día en que el rey del Delfín fue destronado».

A Kevin y a mí nos complació oír que nuestras esposas afirmaban (sin demasiado sarcasmo) lo mucho que aportaba a la presentación el hecho de que imitáramos las técnicas que habíamos seguido aquel verano.

Esa misma noche, cuando Kevin y Glenda ya se habían ido, Polly se estaba preparando para ir a dormir, los chicos estaban terminando los deberes que habían «olvidado» hacer mientras el tío Kevin contaba sus historias y yo estaba fuera paseando a nuestro perro, Carver.

Repentinamente, tantos años después y tras haber contado tantísimas veces con Kevin la historia del Delfín, me vino a la cabeza un nuevo pensamiento.

Cuando éramos pequeños nos esforzamos muchos para mejorar nuestras habilidades en el Delfín. Crecimos físicamente, claro, pero también buscábamos algún tipo de ventaja competitiva. Practicábamos lo que aprendíamos. Incluso visualizábamos cómo sería ganar.

Mientras tanto, como ya he mencionado antes, Aaron ya contaba con la ventaja competitiva y también crecía físicamente. Aun así, no intentaba mejorar en ningún otro aspecto. No buscaba nuevas técnicas y, desde luego, no practicaba nunca.

Reflexionando en todo lo que había pasado aquel verano, mientras todavía paseaba al perro, llegué a otra conclusión. Me detuve, fruncí el ceño y decidí que Aaron probablemente tampoco visualizó cómo sería ganar. No necesitaba tener que visualizarlo, advertí, porque siempre ganaba. Madre mía, ¡Aaron ganaba todas y cada una de las partidas!

¿Para qué iba a tener que aprender cualquier otra cosa? Desde la perspectiva de Aaron, ¿qué iba a tener que aprender? ¿Para qué iba a tener que practicar?

Aquella noche, andando en la oscuridad con Carver, hubo otra cosa que me empezó a inquietar y no sabía exactamente qué. Era la misma sensación que cuando no te viene el nombre de alguien a la cabeza. Lo tienes ahí, en la punta de la lengua, a punto de recordarlo pero, simplemente, no te viene.

Lo que yo sabía tenía todo el sentido del mundo. No sabía del todo por qué continuaba dándole vueltas. Como he dicho, yo ya sabía por qué Aaron no practicaba ni se dignaba a intentar aprender algo nuevo. ¿Qué iba a tener que aprender? Ya era el mejor.

Ahora vamos a pensar con cuidado mientras repetimos un pensamiento del capítulo 1. Es el mismo pensamiento que parecía tan incompleto aquella tarde después de que Kevin y Glenda se fueran.

La piscina de Azalea era el único lugar del mundo donde se jugaba al Delfín. Nosotros éramos los chavales que habían inventado el juego. Éramos los mejores jugadores del juego en todo el mundo porque éramos los *únicos* jugadores del mundo. Eso significaba, por supuesto, que Aaron Perry era el mejor jugador de Delfín... *del mundo entero*.

Esa noche, como pasa a veces en mi vida, tenía a Carver bien sujeto con la correa, pero mi mente andaba completamente desatada. Sí, estaba con ahí con mi perro, pero envié a mi imaginación en una dirección completamente distinta. Y lo hice a propósito. Reanudé mi paseo y decidí imaginar mi niñez de un modo completamente distinto, donde el juego que habíamos inventado había acabado siendo tan popular como el béisbol o el fútbol.

En mi imaginación, el juego del Delfín se puso de moda y se extendió por todo el mundo. En Estados Unidos, las ligas regionales salían en las noticias locales y la Asociación Profesional de Delfín (la APD) emitía las competiciones en los canales nacionales.

También buscábamos algún tipo de ventaja competitiva. Practicábamos lo que aprendíamos. Incluso visualizábamos cómo sería ganar.

El Delfín virtual acabó convirtiéndose en una obsesión para muchos, y equipos en línea competían en ligas mundiales propias desde sus despachos y oficinas. El concepto del juego virtual del Delfín era creación y propiedad de los mismísimos emprendedores que nos habían presentado la lucha libre profesional años atrás.

Para los puristas del Delfín, el Delfín virtual era un concepto ridículo. Aun así, la mayoría apreciaba la ironía de que un juego llamado Delfín, creado por niños en una piscina, hubiera acabado convirtiéndose en piscinas de Delfín virtuales en las que se jugaba desde un escritorio (una actividad que producía miles de millones de dólares) y en donde nadie llegaba siquiera a acercarse al agua.

Pero lo más espectacular del Delfín era que, a pesar de en el juego participaran cientos de miles de atletas de todo el mundo, Aaron Perry seguía invicto.

De repente, dejé de andar. Me detuve en seco.

¡ALERTA!

Los siguientes ocho párrafos son un desvío. Como lector al mando, tienes total libertad para usar este desvío como un breve respiro de una forma racional de pensar. Si prefieres no dedicar los siguiente noventa y pocos segundos que te llevará seguir esta ruta, puedes saltarte los siguientes ocho párrafos por completo y proseguir por la carretera principal, como si este desvío no existiera.

* * *

De vez en cuando, la expresión que emana de mí cuando me ensimismo hace que mi esposa levante las cejas y sacuda la mano ante mi cara.

Al parecer, piensa que estoy en Babia. Pero no es así; simplemente estoy tomándome un momento para confirmar mis sospechas sobre una conexión mental. Aun así, mi mujer sigue creyendo que, de algún modo, me he quedado inconsciente aunque sigo siendo capaz de funcionar.

Yo insisto en que solo estoy «yéndome un momentito» para recoger algunas piezas de unas cuantas cosas que quizá puedan serme útiles de algún modo si las combino. Al fin y al cabo, digo yo, ¿cuántos siglos tuvieron que pasar hasta que el señor Kit Kat se presentara en el trabajo con chocolate en una mano y galleta en la otra?

En respuesta a las miradas sarcásticas y la risa de mi esposa, normalmente no tengo nada que decir aparte de «yo funciono de esta forma» y, como prueba de ello, me remito a los veintipico libros que llevan mi nombre en la portada.

Tras oír mi elaborada explicación sobre las frecuentes experiencias extracorpóreas que inicia mi mente, mi querida esposa no suele responder nada y, en lugar de ello, elige deleitarme con su sonrisa más dulce (e irritante). Aun así, en lo más íntimo de mi ser, admitiré que las pruebas que ella puede presentar para respaldar su argumento son demoledoras. Supongo que podría llegar a escribir mil libros y seguir sin poder explicar por qué, de vez en cuando, acabo saltándome la entrada a mi propia casa cuando voy en coche.

Además: sí, de verdad que he llegado a salir de la autopista para echar gasolina y, tras reincorporarme a la circulación, he tomado la dirección contraria a la que iba durante cien kilómetros antes de darme cuenta de que algo no acaba de cuadrar.

Sí, es muy curioso que me gane la vida fijándome en detalles para empresas y equipos, que haya escrito un superventas del *New York Times* llamado *The Noticer* [El observador] pero que, en una ocasión, entrara y saliera de nuestra sala de estar durante una semana entera sin darme cuenta de que se habían cambiado los muebles de sitio. Sí, solo lo advertí cuando mi esposa me lo indicó.

En mi defensa, aunque a algunas personas pueda parecerles que estoy completamente en blanco, yo insisto en que, en esos momentos, solo estoy trabajando en otro lugar.

Para mí, estos momentos son como buscar respuestas a una pregunta que nadie ha formulado todavía. Tras finalmente agarrar las puntas deshilachadas de varios cables de distintos colores, ahora ya sé que tengo todo lo que necesito para un nuevo descubrimiento. Si toco este cable con este otro o con esos dos, pronto se hará luz en la oscuridad. ¡Pero antes tengo que confirmar que funciona!

¡ALERTA!

Lectores incorporándose a la carretera principal.

Carver tironeó de la correa que yo sujetaba y advertí que llevaba plantado en el mismo lugar durante... bueno, no sabía durante cuánto tiempo. Mientras volvía a echarme a andar, mi primer pensamiento consciente fue: «Pues vale... Aaron *sigue siendo* el mejor del mundo».

Empecé a darle vueltas a aquella nueva realidad que había imaginado, pensando en cómo se habría desarrollado. En esta situación, razoné, donde el juego del Delfín se practica en todo el mundo, clarísimamente habrá todo tipo de participantes en lo referente al nivel de habilidad. Seguramente hay jugadores magníficos, jugadores buenos, jugadores corrientes, jugadores malos y principiantes.

Incluso aunque el interés a nivel mundial haya producido un gran número de jugadores magníficos, solo Aaron sigue invicto. Obviamente, en esta realidad, Aaron está jugando a un nivel completamente distinto y se le reconoce como el mejor de todos los jugadores.

Me puse a pensar en que, si el juego se hubiera vuelto *tan popular*, seguramente habría talleres y clases dedicadas a enseñar las técnicas del Delfín. Probablemente también habría libros sobre el tema. Y cursos en línea.

Y, finalmente, se me pasó esto por la cabeza: si varios de los mejores jugadores de Delfín del mundo hicieran un taller en el pueblo natal de Aaron Perry, este seguramente ni siquiera se dignaría a asistir. ¿Y por qué no? Porque, en esta situación imaginaria, él es el mejor. Y, como es el mejor, ¿qué van a poderle enseñar a él?

Nadie sabe más sobre el juego del Delfín que Aaron Perry. En su haber están todos y cada uno de los récords del juego. Aaron tiene mejores resultados que nadie. Los mejores resultados de todos los tiempos. ¡De todos los tiempos! Por lo tanto, jamás se ha puesto en entredicho su superioridad. Y no solo es Aaron quien piensa eso. *Todo el mundo sabe* (o al menos eso cree) que a Aaron no le queda nada más por aprender. Aaron lo sabe todo. Eso es obvio.

Y esto, al menos, es obvio hasta que Kevin Perkins decide ir *hacia abajo* en vez de hacia arriba.
Y en ese momento:

todo lo que había sido tan obvio... ya no es ni siquiera verdad.

Nueve

PUES... *ESO* LO CAMBIA TODO

Debo admitir que pasó mucho tiempo hasta que empecé siquiera a unir estos puntos que parecían revolotear en mi cabeza, escurriéndoseme entre los dedos. Y en mi mente empezó a sonar, muy suavemente al principio, una alarma. «Despierta», parecía decirme.

La alarma no era constante. Ni tampoco sonaba demasiado fuerte. Pero, al ser tan impredecible, disparándose en cualquier momento de la noche o del día, resultaba ciertamente irritante. Finalmente, en lo que fue más bien una suave conclusión que un repentino destello de iluminación, comprendí algo sobre ese juego de mi niñez que tenía una extraña relevancia para mi vida adulta.

En aquel momento, como niños que competían en un simple juego, cada uno creía estar haciéndolo lo mejor que podía; creíamos estar rindiendo al máximo potencial de nuestras capacidades.

Puesto que sabíamos cómo se jugaba (manteniéndonos a flote impulsándonos con los pies en el lado más hondo de la piscina) y conocíamos nuestras limitaciones físicas, había otra creencia importante: además de creer que cada individuo estaba haciendo lo mejor que podía, también creíamos a pies juntillas que cada individuo estaba *haciéndolo tan bien como podía llegar a hacerse.*

AUN ASÍ...

Aunque *estábamos* haciéndolo lo mejor que podíamos, *no* estábamos haciéndolo lo mejor que podía llegar a hacerse.

En realidad, «Lo mejor que puede llegar a hacerse» no iba a conseguirse (¡no iba a *poder* conseguirse!) jamás hasta que un jugador descendiera al fondo de la piscina.

Verás: en el juego del Delfín, un jugador puede patalear con los pies, estirarse y sacudir los brazos y manos con tanta frecuencia, fuerza, rapidez y eficiencia como pueda. El jugador puede realizar estos movimientos en la superficie, a medio metro de la superficie o desde cualquier otra profundidad media que quiera. Pero la realidad es que, *si no alcanza el fondo de la piscina, nunca será capaz de ver su verdadero potencial.*

En el juego del Delfín, solo el fondo de la piscina podía producir «lo mejor que podía llegar a hacerse». Esto es porque, en cualquier piscina, solo el fondo puede llegar a ofrecer una base lo suficientemente sólida como para impulsarse, con lo que el jugador puede aprovechar cada gramo de potencia que tiene en su haber.

El Delfín tiene mucho en común con la forma que vivimos la vida. Si tú y yo le preguntáramos a una persona «¿Estás haciéndolo lo mejor que puedes?», la respuesta que posiblemente nos daría sería «Sí, lo mejor que puedo». Y esa respuesta sería probablemente verdad.

Imagina que, a continuación, le preguntáramos lo siguiente: «¿Y estás haciéndolo lo mejor que puede llegar a hacerse?».

Lo más probable es que la única respuesta que recibiéramos fuera una expresión confusa en la cara de la persona. ¿Por qué?

**¡Pues porque la mayoría de las personas que están
 haciéndolo lo mejor que pueden
(especialmente si son de los mejores en *el campo
 al que se dedican*)
no son conscientes, ni de lejos,
de la tremenda cantidad de territorio que todavía hay
más allá de lo que ellos han conseguido!**

Ya seas un hombre o una mujer de negocios, padre o madre, o cualquier otra de los miles de etiquetas que la sociedad le pone a lo que haces o lo que eres, hay una descripción disponible y ampliamente usada para las acciones que realizas a diario. Sea lo

¡Como la mayoría de las personas están haciéndolo lo mejor que pueden (especialmente si son de los mejores *en el campo al que se dedican*), no son conscientes, ni de lejos, de la tremenda cantidad de territorio que todavía hay más allá de lo que ellos han conseguido!

que sea, constituye una parte extremadamente importante de tu vida.

Lo bien que te va, lo mucho que produces, lo valioso que eres, lo lejos que llegas, lo arriba que subes... Cada uno de estos conceptos de medida nos son familiares; nos los planteamos de forma regular. El punto exacto donde los demás creen que estamos en esta escala arbitraria de logros afecta directamente a la calidad de la vida de nuestras familias.

Y eso es porque lo habilidosos o lo importantes o lo inusuales que los demás creen que somos es el factor principal en la influencia que tenemos y los ingresos que se nos permite tener.

Aunque tanto nosotros como los demás consideramos que la mayoría estamos rindiendo al máximo de nuestra capacidad, en realidad los resultados de nuestros esfuerzos están restringidos de forma invisible por tres cosas.

1. Lo que sabemos sobre las personas más dotadas (vivas o no) que han hecho lo que nosotros queremos hacer. Y los mejores resultados que han conseguido.
2. Lo que sabemos sobre *cómo* se suele hacer.
3. En qué punto creemos que están nuestras propias habilidades respecto a las dos primeras consideraciones.

Así que tú y yo ¿estamos haciéndolo lo mejor que podemos? Sí. Eso es cierto.

Pero ¿estamos haciéndolo lo mejor que puede llegar a hacerse? No. Ni de cerca.

Y eso... es la verdad.

Diez

IMAGINAR MÁS ALLÁ
DE LA IMAGINACIÓN

Aquí tienes un dato curioso que pocos saben: Walt Disney tenía dieciocho años cuando lo despidieron de su primer trabajo como dibujante para el periódico *Kansas City Star*. ¿Y por qué motivo? Porque, según su jefe, ¡a Walt «le faltaba imaginación y no tenía buenas ideas»!

Sabiendo cómo termina la historia, para empezar ya resulta raro que echaran a Disney. Pero lo que ya parece casi inconcebible es que fuera por falta de imaginación y malas ideas, ¿no?

Por suerte, Walt no permitió que una opinión fuera lo que dirigiera su vida. Déjame decirte lo que nadie vio en aquel entonces... o, aunque *sí* lo vieran, lo que nadie se atrevió a decir. No era

Walt Disney quien no tenía imaginación. Era su jefe. Fue el jefe de Walt Disney quien no tuvo la suficiente imaginación como para reconocer el increíble talento que entraba cada día a su oficina.

Fíjate: en el lugar donde Walt Disney trabajaba, tener una buena imaginación era una parte clave del puesto. Aun así, el jefe despidió a Walt por unos resultados que, por lo que él consideraba, carecían de imaginación suficiente.

En defensa del jefe, debo decir que no tenía ni idea. No tenía ni idea del nivel de talento que tenía ante sí. Walt Disney poseía, evidentemente, imaginación, pero su jefe no fue capaz de reconocerla. ¿Por qué? Pues porque Walt no se limitaba a tener un porcentaje *algo* más elevado de imaginación que la persona media. Si ese hubiera sido el caso (un poquito más o un poquito menos de imaginación), el jefe lo habría identificado.

En vez de ello, Walt tenía *muchísima más* imaginación que cualquier otra persona que ese jefe hubiera conocido; tanta que, en comparación, probablemente Disney le habría parecido de otro planeta. Por supuesto, ahora sabemos que, *fuera o no* Walt Disney de este planeta, ¡acabó viviendo en medio de un parque de atracciones!

Como lo único que sabemos con seguridad es que Disney fue despedido «por falta de imaginación», resulta algo irónico que tú y yo tengamos que usar nuestra propia imaginación para encontrar el camino hasta el fondo de la piscina en este caso. Algo pasó en aquel entonces (era 1919) que fue cierto. Aun así, parece que muchísimas personas se perdieron la verdad. ¡Desde luego, así fue con Walt Disney!

Para empezar, me imagino que nadie llamó al joven un buen día, lo hizo pasar a su despacho y le dijo: «Oye, mira, estás despedido. No tienes imaginación. Tus ideas son horribles».

Lo más probable es que la conversación fuera algo así:

—Hola, Walt... Pasa, pasa. Siéntate, chico. Mira, escucha... Tengo una mala noticia para ti. No es nada fácil para ninguno de los dos, pero en primer lugar me gustaría que esto fuera lo más constructivo posible para ti.

"I do want t

»Quiero dejar muy claro que aquí, en el *Kansas City Star*, apreciamos mucho tu esfuerzo. Por muy mal que me sepa, tanto tú como yo sabemos que solo con el esfuerzo no basta, al menos en este sector. En esto de los dibujos y las viñetas, querido Walt, Kansas City es uno de los pesos pesados. De verdad que hemos querido darte una oportunidad. Pero las cosas no han funcionado.

»Por duro que pueda resultarte oírlo, en el *Star* vamos a tener que prescindir de tus servicios. De nuevo, lo siento muchísimo pero, como parte constructiva, quisiera decirte que, a tu edad, un cambio completo de ambiente te será mucho más fácil de conseguir que para alguien mayor.

»Y con eso de completo cambio de ambiente estoy sugiriendo que quizá decidas moverte en otra dirección... Quizá en un sector completamente distinto. Nosotros... y con «nosotros» me refiero a tus supervisores y a mí mismo aquí, en el *Star*... simplemente no sentimos que hayas sido capaz de comprender bien cómo se hacen las cosas en este sector. Más en concreto, tu trabajo (y quiero remarcar que tus esfuerzos han sido admirables) andaba algo... desencaminado.

»En resumen, sencillamente creemos que te faltan la imaginación y las ideas necesarias para tener éxito en este campo. Te deseo lo mejor en el futuro.

Guau.

Imagínate a alguien llamando a Walt Disney a su oficina y diciéndole que:

a. Aprecia mucho el esfuerzo que ha hecho (intentando darle el hachazo *con amabilidad*),
b. no ha entendido bien cómo se hacen las cosas en este sector (y diciéndole lo desencaminados que han sido los frutos de su trabajo a ojos de toda la gente de empresa), y
c. le faltaban imaginación y buenas ideas.

Pues yo tampoco puedo imaginármelo. Por un momento, deja a un lado el punto A y el punto C.

En lo referente al punto A, Disney probablemente ni siquiera lo oyó. Lo estaban despidiendo. Y, si lo oyó, seguramente no se lo creyó. Bien por él. Por otro lado, tanto tú como yo sabemos que el punto C era completamente erróneo, incorrecto o como quieras tú categorizar una de las peores decisiones empresariales de la historia.

Pero el punto B es muy, muy interesante. En el mundo de hoy en día, esta es la frase que se usa constantemente para justificar el decirle «no» a una idea nueva o para evitar la posibilidad de tomar una dirección completamente distinta. Cuando se hace una declaración del tipo «las cosas se hacen así», es una prueba de que *alguien* le está diciendo *a todo el mundo* que se mantengan a flote con los pies. Las referencias a «los estándares del sector» o las «prácticas recomendadas» son más de lo mismo.

Este tipo de pensamiento no es malo. De hecho, no aboca al fracaso a una organización. Es, simplemente, el estado normal. Es la mentalidad tradicional de la mayoría de las organizaciones que la sociedad considera de éxito. No de un éxito tremendo. Simplemente, de éxito.

> Cuando se hace una declaración del tipo «las cosas se hacen así», es una prueba de que *alguien* le está diciendo *a todo el mundo* que se mantengan a flote con los pies.

En otras palabras, el líder que distribuye el librito con las prácticas recomendadas, que entrega copias enmarcadas de los estándares del sector y que hace que el personal se comprometa a «hacer las cosas como se hacen aquí», acaba de encasquetarle un salvavidas enorme a cada empleado. Sí, con esto están prácticamente diciendo que su lema es «la seguridad es lo primero», porque ninguno de sus trabajadores se acercará siquiera al fondo de la piscina.

Échale un vistazo rápido de nuevo al punto B.

La empresa había decidido que Walt no había entendido cómo se hacían las cosas en ese sector. Dijeron que su trabajo estaba muy «desencaminado». ¿Muy desencaminado? Sí, sí. Si consideramos que con eso de «encaminado» se referían al estándar del sector... o a lo «normal»... Entonces, según la opinión del jefe (que reflejaba la opinión de la industria), Walt Disney estaba muy lejos de lo normal en una dirección... o en la otra.

Lo que significaba...

Que la empresa o bien había decidido que Disney era tremendamente aburrido y anticuado... ¡o que había perdido la chaveta por completo! Los contemporáneos de Walt Disney consideraron que estaba demasiado loco como para tomárselo en serio.

Es que casi puedo oír lo que seguramente le decían.

—Pero Walt... ¿En serio...? ¿Vas en serio? ¿Un ratón que habla? ¿¿De verdad??

Vale, dejemos de reírnos. O sea, sí, es *gracioso*, pero piensa en lo siguiente: lo que el jefe le dijo a Walt, lo de que no estaba produciendo un trabajo que encajara en el estándar del sector, era cierto. El problema, parece ser, es que el jefe no pensaba que hubiera algo *más allá* de lo que era cierto. Al fin y al cabo, el resultado *deseado* en el sector era producir un resultado regular.

Por supuesto, ahora ya sabemos que no solo se expulsó a Walt Disney (y al ratón que había dibujado en una servilleta) del *Kansas City Star*. La decisión del jefe y de su empresa de no pensar más allá del estándar del sector provocó que en el futuro del periódico ya no pudiera haber un pato llamado Donald, un perro llamado Goofy ni la bella muchacha que, hasta el día de hoy, vive en un bosque con siete enanitos.

Aun así, no te equivoques: el jefe cumplió con su cometido. Los accionistas nunca supieron que se despidió al joven de dieciocho años porque nunca llegaron a saber de su existencia. Si la junta directiva del *Star* sabía algo de Walt, nunca puso en entredicho su despido, ya que seguramente no creían haber perdido nada. Y, desde luego, su jefe no pareció volver a pensar en el tema.

Por otro lado, al despedir a Walt Disney, el jefe le cerró la puerta a cualquier posibilidad de obtener los resultados extraordinarios que podrían haber ocurrido en Kansas City (¡Pasen, pasen y vean! ¡Cenicienta ha venido a visitar el estadio de la ciudad, Arrowhead Stadium!) y, en vez de ello, optó por proteger la capacidad de la empresa de seguir produciendo resultados *ordinarios*, los del «estándar del sector», los que ayudaban al jefe a conservar su propio trabajo.

Visto a distancia, toda esta situación resulta tremendamente curiosa, ¿verdad? ¿Especulación? Sí, quizá un poco, pero me siento bastante seguro de que lo que tú y yo acabamos de reconstruir es la verdad. ¿Lo sientes? Cada vez que te hundes todo lo que puedas, incluso con los ojos cerrados, sabrás cuándo has llegado al fondo de la piscina.

La mente de Walt Disney le permitió llegar a aguas más profundas. En otras palabras, su imaginación le dio la capacidad de pensar más allá de los estándares del sector de su tiempo. Igual que tú puedes pensar ahora más allá de los estándares del sector del mañana.

Te planteo una pregunta curiosa: ¿crees que Walt olvidó lo que pasó en Kansas City? No digo que se amargara con la situación... tan solo... ¿crees que se le olvidó? Yo creo que no. Estoy convencido de que, como joven que era, Walt Disney tenía un montón de esperanzas y sueños cuando entró en el edificio del periódico en su primer día de trabajo.

Piénsalo. Era un dibujante del *Star*. ¿Cuántas veces, durante su infancia, había deseado eso? Y aquel primer día me pregunto si ya tenía a Pepito Grillo en la cabeza. En tal caso, estando Walt tan feliz como debía de estar aquel primer día de su trabajo, ¿crees que ya tenía una canción en mente para un grillo con un sombrero de copa que le decía...Si en la nocturnal quietud

ves brillar al *City Star...*?

No frunzas el ceño. Puede que por aquel entonces fuera una situación triste, ¡pero está claro que ahora ya no! Ya sabes cómo termina la historia. El final en Kansas City fue el principio de todo lo demás. Que lo despidieran fue lo mejor que le pasó jamás a Walt Disney... Y no pasó demasiado tiempo antes de que lo supiera él (y el resto del mundo).

Once

EL PUNTO DE REFERENCIA SECRETO

Mi esposa y mis hijos son *la* prioridad de mi vida. Yo escribo. Y doy conferencias. Mi agenda está bastante, bastante repleta. Hasta hace poco, la mayoría de la gente no sabía que de vez en cuando acepto a clientes de empresa para trabajar de forma anual. Nunca hablaba de ello en mis charlas o durante una entrevista. Tampoco ponía anuncios en busca de clientes; ni en mi página web ni en ningún otro formato.

Hoy en día, mientras doy una conferencia o estoy en una entrevista, aunque puede que cuente una historia que se refiere a un cliente, sigo sin promocionar el hecho de que estoy disponible para una relación de asesor/cliente. ¿Y por qué? Porque *todavía*, en gran parte, no estoy disponible para ello.

Dentro de lo razonable, estoy abierto a hablar para la mayoría de las empresas, asociaciones y organizaciones. Disfruto de la experiencia. Pero antes de permitirme plantearme seriamente la idea de trabajar con alguien durante un periodo largo de tiempo, hay tres criterios específicos que deben cumplirse:

1. La nueva relación y el tiempo requeridos deben encajar con mi vida familiar.
2. Tienen que gustarme. La vida es demasiado corta como para trabajar con personas difíciles o complicadas (especialmente durante un año entero), y he aprendido que no hay ninguna cantidad de dinero que pueda valer un año de mi vida.
3. El punto de referencia secreto.

Mi misión personal es la siguiente: «Ayudar a las personas a vivir las vidas que querrían vivir si supieran cómo hacerlo». Como ese es mi propósito, no tengo tiempo que perder.

Así que, mientras hablo con el líder de una organización y trabajo con él para decidir si vamos a tener una relación de *coaching*, intento evaluar si esa persona realmente está buscando sabiduría en ese punto de su vida.

¿Demuestra la capacidad de escuchar a otra persona para poder aprender?
¿Puedo ser yo esa otra persona?
¿Este líder sabe siquiera que *hay* algo más por aprender?

¿Es una persona con la mente abierta?

¿*Cuán* abierta?

¿Esta persona muestra una imaginación activa y un sentido del humor que me gusta?

¿Puede esta persona pensar más allá de lo mejor que ya se ha conseguido? ¿Cuánto más?

¿Está dispuesta a dejar atrás lo cierto para conseguir descubrir la verdad?

Pero la medida final que debo aplicar, el punto de referencia que determina si puedo ser o no de servicio a este líder o a este grupo de líderes, es el siguiente:

¿Me acompañarán al fondo de la piscina?

Doce

TU LUGAR ESPECIAL

demás de todo el tiempo que pasé en la piscina cuando era pequeño, a menudo tenía la oportunidad de adentrarme entre la maleza que había tras mi casa. En aquellos vastos bosques sin explorar (tres solares vacíos sin desbrozar) construí varios fuertes.

La construcción de un fuerte era bastante simple: solo tenía que cavar un agujero bien grande y arrastrar una tabla de madera contrachapada para taparlo. Aunque la tabla no fuera impermeable (o ni siquiera resistente al agua), suponía una tremenda protección contra los animales peligrosos. Debía de serlo porque, aunque me mantuve ojo avizor, jamás vislumbré un solo león u oso.

Me encantaban mis fuertes y siempre tenía provisiones al menos en un par. La mera presencia de caramelos y refrescos hace mucho para relajarle a uno la mente sobre la posibilidad de enfrentarse a una emergencia o a compañía inesperada.

Nunca se dio ninguna emergencia de ningún tipo, pero los visitantes (en cuanto se supo de las ubicaciones de mis fuertes) eran un desafío constante a mi desarrollada capacidad de sacar a hurtadillas sustento comestible de la cocina de mi madre, cruzar la valla trasera y aventurarme en territorio no civilizado.

Las únicas muestras de agradecimiento que recibí de aquellos que se autodenominaban mis «amigos» (Kevin, Danny, Bob y los Luker, para decir unos cuantos) fueron sus frecuentes desafíos a «hacerlo otra vez».

Esta presión constante de mis compañeros adictos al azúcar fue el motivo por el cual construí una casa en un árbol y jamás se lo dije a nadie. No era fácil de ver desde el suelo y quizá llamarla «casa» era una exageración: se trataba de una plataforma de tablones clavados entre las ramas de un roble. A unos cuatro metros y medio del suelo, yo la consideraba mi Mirador de la Soledad.

Los fuertes eran para jugar o entretener a los invitados, pero el mirador era mi refugio privado. Allí era donde pensaba mejor.

Mi familia acabó mudándose a otro lugar. Yo era mayor, no tenía ninguna jungla cerca y jamás volví a construir otra casa en un árbol. Pero lo que sí que aprendí a hacer fue visitar mi antiguo refugio en mi mente. Descubrí que era posible ir a pasear o salir a nuestro nuevo patio o encontrar un lugar tranquilo en la casa, cerrar los ojos y, durante un momento (a veces, incluso dos o tres), solo tenía que estar quieto.

Empecé a ver que, estuviera donde estuviera y fuera donde fuera, me era posible crear un lugar tranquilo, de pensamiento profundo, de mayor comprensión, de más conexión.

El Sherlock Holmes original a esto lo llamaba su «desván cerebral». Otras versiones más contemporáneas de Holmes han optado por la versión mejorada de un «palacio mental». Para Sherlock, este era un lugar donde catalogaba experiencias del pasado y las aprovechaba para descifrar los grandes misterios de su presente. Ahora te pediré que tú lleves este concepto algo más allá. Pon tu maravillosa imaginación a trabajar en algún momento, bien pronto, y crea tu propio lugar de contemplación. Está claro que no tiene que ser un lugar físico. Al fin y al cabo, ¿qué pasa si estás fuera cuando más lo necesites?

Así que, en primerísimo lugar, saca las telarañas de un rinconcito sin usar de tu mente. Inspira profundamente, cierra los ojos y empieza. Elige el lugar. Crea su vista y sus colores. Decóralo como mejor te parezca.

Es un lugar que estará disponible en cualquier momento y siempre, únicamente para ti. No tienes que usar ese lugar en ningún horario ni durante un tiempo determinado. Su disponibilidad, junto con la paz tranquila que elegirás crear ahí, es lo que acabará por producir una capacidad única en ti.

Siempre podrás ir desde la superficie hasta el fondo de la piscina y volver. Podrás hacer el viaje cuando te apetezca, sin riesgos y llevando cualquier tema a remolque.

Sabiendo que quieres crear resultados extraordinarios, te pido que entiendas que tendrás que pensar en una dirección extraordinaria. Ten presente que cualquier persona

Los resultados extraordinarios y constantes (como los que aguardan en tu futuro) se crean a propósito.

puede ganar la lotería una vez. Pero los resultados extraordinarios y constantes (como los que aguardan en tu futuro) se crean a propósito. ¡El primer paso, por supuesto, es aprender a abandonar la superficie sin volver a sacar la cabeza de inmediato!

Es por eso por lo que estás creando tu nuevo espacio, tu propio lugar de contemplación. Créeme, encontrarás muchos otros usos para este sitio. Te encantará pasar tiempo ahí Aun así, al principio, el uso principal de tu lugar especial será aprender a entrar, sentarte y quedarte dentro durante al menos noventa segundos. De forma increíble, esa pequeña cantidad de tiempo suele ser suficiente, a menudo, para explorar una posibilidad que todo el mundo a tu alrededor está ignorando.

Concentra tus pensamientos en la dirección opuesta.

El fondo de la piscina es la «dirección opuesta» definitiva, pero es el único lugar donde siempre encontrarás respuestas contrarias a las respuestas que se han convertido en estándares del sector, las que llevan años produciendo resultados ordinarios.

Trece

MÁS ALLÁ DE LA CAJA. ¡POR FAVOR!

«Más allá» es una buena palabra para nosotros en este momento, aunque estoy convencido de que en unos cuantos años necesitaremos otra palabra; una que vaya más allá de «más allá».

De aquí a una década, más o menos, tú y yo estaremos en algún lugar escuchando a alguien explicar un concepto. Y dirán una frase o una palabra que nos hará girarnos lentamente para mirarnos entre nosotros. Levantaremos las cejas y ambos sabremos que el mundo está poniéndose al día con nosotros.

No pasa nada. Ni ahora, ni de aquí a diez años. Démosle al acelerador y salgamos quemando rueda. ¿Hacia dónde? Pues ahora mismo no lo sé exactamente. Lo que sí que sé es que, estén donde estén los demás en aquel momento, tú y yo iremos más allá.

Por cierto, con todo mi respeto hacia todas las personas que ayer usaron la expresión «fuera de la caja» diez veces, ¿podemos dejarla tú y yo atrás? Permíteme al menos la oportunidad de señalar que, si ya estás casado con el concepto de pensar «fuera de la caja», deberías reconocer la realidad de que ya no estás fuera de ella.

Como observador profesional, he detectado una extraña tendencia durante los últimos años. Vaya a donde vaya, prácticamente todo el mundo se enorgullece de pensar fuera de la caja. La frase, el concepto, el discurso improvisado sobre la idea... están por todas partes. Todo el mundo te lo suelta. Empresas, pymes, organizaciones, asociaciones, equipos, iglesias, comunidades, barrios e incluso familias. ¡Todo el mundo piensa fuera de la caja!

Y si *todo el mundo* está de verdad fuera de la caja, ¿no querrá decir eso que hemos llegado a un punto donde realmente *nadie* está fuera de la caja?

Y ahora, rápido... ¡al lugar de contemplación! ¿Te has puesto cómodo? Perfecto.

La frase «fuera de la caja» se usa para describir cómo pensar de un modo *diferente* o *un poco por delante de la competencia*, ¿verdad? Y, aunque eso sea cierto, *es* una ventaja real que tú o tu empresa formen parte del 5 % que piensa fuera de la caja.

Como parte de ese 5 % de élite, sus resultados son estratosféricos en comparación con los del 95 % restante y todos ustedes están entusiasmados, soltando risitas en el teléfono y mirándose con cara de complicidad por los pasillos. Porque ustedes saben algo que *ellos* no saben.

Hasta que, finalmente, los demás también lo saben.

A medida que más y más personas empiezan a acumularse en el pasillo fuera de la caja, sus resultados se vuelven similares a los de ese 5 % inicial. Y, en una extraña forma de culto al héroe, muchos de nosotros seguimos alabando, siguiendo o sintiéndonos intimidados por esa empresa o equipo que fueron los primeros en salir de la caja. Nunca parecemos caer en la cuenta de que estamos exactamente a su mismo nivel. Y hemos acabado aceptando que *lo que hacemos todos* es la forma en la que se hace algo.

Y si *todo el mundo* está de verdad fuera de la caja, ¿no querrá decir eso que hemos llegado a un punto donde realmente *nadie* está fuera de la caja?

En el fútbol americano universitario hay varios cambios de reglas de un año al otro y, de vez en cuando, aparece un atleta superestrella. Estos cambios pueden aparecer para darle a un equipo o a otros una breve ventaja. Aun así, durante sus más de cien años de historia, el cambio en el fútbol americano universitario suele darse con lentitud.

Sí, de vez en cuando aparece una nueva técnica ofensiva o tácticas defensivas distintas a las del año pasado, pero durante gran parte del tiempo nosotros, los seguidores, vemos lo que estamos acostumbrados a ver. Y nos gusta. El estándar del sector ha aguantado bastante bien.

Parémonos a pensar un momento en el tiempo que se usa entre una jugada y la otra. Ese «tiempo muerto» empieza cuando un árbitro toca el silbato para señalar que ha terminado una jugada. Los jugadores se levantan del suelo, hacen estiramientos o recobran el aliento y se dirigen hacia la línea de golpeo. Mientras, los entrenadores en la banda envían a uno o dos sustitutos y los jugadores reemplazados salen del campo.

En ese momento, la historia nos dice que hay once jugadores en el campo. Normalmente se reúnen y hablan rápidamente (en lo que se llama una «piña») sobre qué harán en su siguiente jugada antes de dirigirse a la línea de golpeo.

Mirando por encima de la ofensiva, el mariscal de campo se toma unos segundos antes de colocarse en la línea, observando la formación defensiva que le espera delante. Moviéndose por debajo del centro, el mariscal de campo ladra indicaciones a los atacantes de su equipo, confirmando o cambiando lo que han decidido en la piña, y se pasan la pelota. Empieza una nueva jugada.

Durante décadas, este proceso entre jugadas tardaba un tiempo medio de treintaidós segundos. Y entonces, en 2007, los Oregon Ducks contrataron a Chip Kelly como coordinador de la ofensiva. En 2009 nombraron a Kelly entrenador principal. Para 2010, los Ducks habían dejado las piñas atrás. Crearon un modo de comunicar jugadas desde la banda con señales, con lo que prácticamente se eliminaron las sustituciones durante la serie ofensiva y recortaron el tiempo entre jugadas hasta dejarlo en 23,2 segundos.

Esos 23,2 segundos, en comparación con los 32 segundos a los que todos los demás estaban acostumbrados, significaban que los Ducks hacían que el juego avanzara a un ritmo que era un 32 %

más rápido de lo que sus oponentes habían tardado en prepararse para jugar. Y esta cifra de 23,2 segundos es solo una media. Hubo series ofensivas durante la temporada de 2010 en las que los Ducks solo usaron 9,9 segundos entre jugada y jugada.

Los equipos contrarios se quedaron pasmados y confundidos. En toda la historia del fútbol americano universitario, cuando el entrenador probaba algo distinto solía ser para ralentizar el juego y que los jugadores pudieran recobrar el aliento.

Pero ¿esto?

¡La ofensiva de Kelly ahora creaba situaciones en las que los oponentes tenían que simular lesiones solo para detener el partido antes de que a alguien de su equipo le diera un ataque al corazón! Los espectadores de Oregón abucheaban a los árbitros que no conseguían hacer que el juego pudiera avanzar al ritmo de los primeros intentos de los Ducks. ¡En serio!

Lo que Chip Kelly hacía se ceñía perfectamente a las normas, ¡pero todo el mundo tenía claro que los Ducks estaban pensando fuera de la caja! Guau. Sí, totalmente fuera de la caja, desde luego.

Y ahora, ya no.

Kelly llevó a los Ducks hasta la final, el BCS National Championship Game, antes de que la NFL lo contratara. Para entonces ya había varios programas universitarios que habían aplicado la misma estrategia y, la usaran o no, los defensas ya no estaban sorprendidos. En los seis años posteriores a la marcha de Kelly, los Ducks ya han contratado a su *tercer* entrenador principal. Cambiaron su formación ofensiva a una «ofensiva abierta» en 2015 y de nuevo a una formación «en pistola» en 2018.

En lo que respecta a ti, en tu lugar de contemplación personal quiero que pienses *más allá*.

En 1960, cuando Walt Disney contrató a Mike Vance para que pasara a ser el decano de la recién fundada Disney University, fue Mike quien popularizó la frase de «pensar fuera de la caja». Antes de su fallecimiento en 2013, Vance había sido una fuerza directiva no solo para Disney, sino para otros como Frank Lloyd Wright, Buckminster Fuller y Steve Jobs.

Mike Vance consiguió grandes cosas y ayudó a las personas de formas que alguien como yo solo puede osar soñar. Pero, con todo mi respeto por Mike y todo lo que consiguió, yo tengo que pensar que ya *ha hecho* su trabajo.

Sinceramente, ¿acaso queda alguien que no conozca la frase ya? ¿Hay alguien que no la use? Así que, si hemos llegado a un momento en la historia de la sociedad donde todo el mundo piensa fuera de la caja, ¿acaso no significará que ya no hay nadie «fuera de la caja»?

Ha llegado el momento de pensar más allá de la caja.

Más allá. No *rodeando* la caja. MÁS ALLÁ.

Hay una diferencia entre pensar más allá de la caja y pensar rodeándola. En cualquier área en la que el éxito se estudie con minuciosidad, los mayores niveles de logro casi siempre han sido creados por alguien que pensaba fuera de la caja. Naturalmente, conseguir mejores resultados sin malgastar esfuerzos implicaría partir desde el punto exacto del mayor éxito conseguido hasta el momento. Ese punto es la culminación de un emocionante logro para ellos. Y el punto de salida para ti.

Plantéate que el punto de mayor éxito es el inicio del sendero. Para poder ir más adelante, tendrás que quitar más maleza y abrirte paso. Y, para ahorrar tiempo y energía, evidentemente preferirías usar el punto final del anterior camino como lugar de partida.

Por otro lado, cuando una persona piensa RODEANDO la parte de fuera de la caja, empieza a caminar de un modo completamente distinto. Al verse obligada a abrirse camino desde el principio, espera encontrar algo cierto y alcanzar el éxito del mismo modo que los demás.

Pero ¿por qué no usar lo que los demás ya han determinado que es cierto? Empieza por aquí. Lo que tú buscas es la verdad. Incluso en un sendero, sabes cuándo has llegado al fondo de la piscina.

El lugar donde los demás han encontrado lo que es cierto también suele ser el sitio donde más se detienen. Creyendo haber encontrado «la respuesta», anuncian que eso es el final del sendero y nunca intentan ir más allá. Y ese punto... es el lugar exacto donde tú tienes que elegir empezar tu búsqueda. A partir de ese punto, tú piensas y te mueves MÁS ALLÁ, adelante.

Así que... ¿dónde queremos estar tú y yo? Más allá de la parte de fuera de la caja. ¿Y dónde está eso? Muuuuy, muy lejos de la ciudad. ¿Lejos de qué ciudad?

Muy lejos de la ciudad donde hay un complejo industrial
que tiene una calle
en la cual hay un edificio

que alberga la mismísima fábrica
que manufactura las cajas
fuera de las cuales están todos los demás, sentados.

Dejemos que todos los demás piensen fuera de la caja. Tú y yo pensaremos más allá de ella. Mucho más allá.

Pensaremos hasta el infinito... ¡y más allá!

Catorce

PERO ¿CÓMO NO LO
HE VISTO ANTES?

Varias veces a la semana mi familia prepara una comida o una cena al aire libre, bajo la brisa fresca de nuestro porche trasero. Pizza, verdura, pan, carne... Sea verano o invierno, preparamos comidas enteras fuera.

Ahora, si vas a imaginar cómo lo hacemos, no visualices una barbacoa de gas. Yo regalé la mía hace muchísimo tiempo. Todavía recuerdo cuándo decidí deshacerme de ella. Mis hijos y yo estábamos en el porche. Estaba a punto de darle al regulador para encender el propano cuando Adam, el más joven de mis hijos, me preguntó:

—¿Puedo hacerlo yo? ¿Por favor? Es como los fogones de dentro...

Por supuesto, Adam no tocó el regulador. Yo estaba ahí mismo y, a pesar de su corta edad, él sabía muy bien que se trataba de una situación donde tenía que pedir permiso. No podía hacer lo que quisiera directamente. Pero la situación hizo que bajara al fondo de la piscina. Me habían catapultado ahí las palabras de un niño.

Estuve ahí solo unos pocos segundos (por aquel entonces no describía este proceso de este modo). Sinceramente, tuvieron que pasar años antes de que pudiera entender lo que acababa de pasar. Lo único que supe en aquel momento es que pronto iba a deshacerme de mi hasta el momento preciadísima barbacoa de gas. Aunque millones de personas estaban cocinando alegremente en sus barbacoas de gas (haciendo lo mismo que hacían todos los demás y del mismo modo), yo acababa de hacer un giro mental de 180 grados y ya estaba pensando rápidamente en la dirección contraria.

Una única pregunta de un niño pequeño acababa de desencadenar una serie de preguntas que acabaron por llevarme a la conclusión de que, a partir de aquel día, si tenía la opción, nunca más iba a usar una barbacoa de gas.

Qué curioso, ¿no?

¿Recuerdas ver a tu madre o a tu padre hacer una pirámide con carbón y empaparla de un líquido combustible antes de retroceder y tirar una cerilla encendida sobre los vapores concentrados? *¡Bum!* Sí, sí, papi se ha quedado sin cejas, ¡pero hoy cenamos hamburguesas!

Tras todo el engorro que tenían que soportar nuestros padres solo para hacer un pollo o unos bistecs al aire libre, cuando se presentó la barbacoa de gas parecía casi un milagro. De forma casi literal, millones de nosotros pensamos en la misma dirección y, poco después, la mayoría de las familias tenía una barbacoa de gas en el patio o el porche traseros.

Yo nunca lo había mencionado pero, para mí, los bistecs o las costillas o el pescado que hacía a la parrilla... bueno, nada de eso llegaba siquiera a acercarse al sabor de la comida que yo recordaba de mi infancia. En mi interior me sentía avergonzado de que mis esfuerzos nunca llegaran a acercarse a la perfección culinaria que conseguía mi padre con esa barbacoa de tres patas, oxidada y coja, con la que, si no íbamos con cuidado, podíamos acabar pegándole fuego a la casa.

—¡Por favor, papi! Pooooorfa, ¡déjame tocar el regulador!

Sí, esa era la esencia del mensaje que Adam intentaba transmitirme. Pero lo único que yo había oído fue su declaración de que la barbacoa funcionaba «como los fogones de dentro».

¡Pues claro que funcionaba como los fogones de dentro! Los fogones de nuestra cocina se encendían girando un regulador. Igual que la barbacoa de gas. Cuando girabas el regulador de los fogones, la chispa del encendido hacía un ruidito, *clic, clic, clic, clic*, antes de que apareciera la llama con un suave *puf*. Igual que la barbacoa de gas.

La comida que se cuece en los fogones, cruda al principio, se expone al calor de una cierta temperatura durante una cierta cantidad de tiempo hasta que se considera que está «hecha».

Igual... que... la... barbacoa... de... gas.

El calor del fogón de una cocina *solo* cuece. El calor del fogón de una cocina no añade ningún sabor. El calor del quemador de una barbacoa de gas tampoco añade ningún sabor.

Descubrir la verdad, el motivo de años y años de frustración culinaria en exteriores, fue como un jarro de agua fría. Hiciera lo que hiciera, *nunca* iba a poder llegar a conseguir el mismo sabor de las parrilladas de mi padre. De hecho, podría haber cocinado los bistecs dentro de casa: habrían tenido exactamente el mismo sabor.

Espera... antes de seguir con esto, ¿no te preguntas por qué me he tomado un momento para contarte esta historia? Al fin y al cabo, no es un relato de cómo obtener grandes cantidades de dinero o de lograr la buscadísima cura de alguna temible enfermedad.

El motivo por el que incluyo este capítulo es que lo que pasó realmente y el proceso a través del cual sucedió son un ejemplo mucho más sencillo (que podría haberte pasado a ti) de exactamente lo que tú y yo buscamos en cada parte de nuestras vidas. Tienes al alcance de la mano resultados más allá de lo ordinario en cada área de la vida. De forma profesional y personal, con todo lo que te importa, en cosas grandes y pequeñas.

Ten siempre presente que *los mejores resultados* siempre van mucho más allá de los «grandes resultados» normales con los que todos los demás ya han quedado satisfechos.

Nunca olvides que para cada parte de tu existencia pública y privada hay un nivel de comprensión que te permitirá acceder a los resultados que nosotros consideraríamos LOS MEJORES. Ten siempre presente que LOS MEJORES resultados van mucho más allá de los «grandes resultados» normales con los que todos los demás ya han quedado satisfechos.

Así que estos días, varias veces a la semana, levanto mi saca enorme de carbón natural y la sacudo para llenar la barriga de mi barbacoa Kamado Joe. Con un encendedor o una cerilla (¡no tengo ni que usar líquido combustible!), puedo poner las brasas al rojo en cuestión de minutos, controlar la temperatura con el flujo de aire y hacer que la comida me salga perfecta cada vez.

Mi barbacoa me costó un poco más de lo que se gastó mi padre, pero la Big Joe nunca se oxida, nadie me la va a robar (pesa 165 kilos) y la comida (que realmente sabe a cocina del exterior) haría que mi padre se sintiera orgulloso.

Quince

UN DETALLE SALADO

Antes de avanzar, permíteme hacer una comprobación... Hasta ahora hemos tocado varios puntos dispersos. No te estás perdiendo *ninguno*, ¿verdad? Eso espero. No pases ninguno por alto. Pronto empezarás a ver lo que los une.

A medida que vayas relacionando un punto con otro ganarás una tremenda capacidad para descodificar la información que hemos recogido. Estoy seguro de que has aceptado parte de esta información sin cuestionártela. Aun así, en muchas áreas de tu vida, pronto tendrás la habilidad de determinar rápidamente si algo que alguien ha declarado como cierto... es realmente *la verdad*. Eso, como ya sabrás, ¡es un conocimiento típico del fondo de la piscina!

Al principio podrás unir los puntos más rápidamente en tu lugar de contemplación. Ese lugar especial te proporcionará la calma necesaria para que puedas conseguir el nivel de concentración necesario al principio. Aun así, pronto acabarás uniendo los puntos de forma automática. La diferencia entre lo que es cierto y la verdad acabará siéndote muy obvia, al parecer ya sin la complicada búsqueda en la que tu mente tenía que embarcarse anteriormente.

En ese momento empezarás a aplicar la sabiduría ganada al saber hacer esta distinción en prácticamente todas las partes de tu vida. Durante las conversaciones aprenderás a resolver de forma natural la ecuación humana que revela esa diferencia. A su vez, el valor que podrás aportar a tus relaciones, incluso las de toda la vida, se disparará.

La diferencia entre lo que es cierto y lo que es la verdad se te hará clara en todas las reuniones de negocios a las que asistas. Este proceso mental pronto estará a tu disposición en tus momentos más tranquilos y los más ajetreados. A menudo te llevará a unos niveles de comprensión de la sabiduría que te cambiarán la vida y que podrás explicar y compartir con los demás.

Cuando usas esta paradoja de *cierto/verdad* como filtro, las respuestas que descubres (incluso las respuestas a preguntas que nadie ha hecho) te saltarán a la vista. En cuanto hayas examinado, confirmado y dominado la diferencia entre lo que los demás creen que es cierto respecto a lo que tú sabes que es *la verdad*... entonces tendrás el poder de cambiar drásticamente los resultados que esperabas en tu vida personal o profesional.

Un punto esencial:

Esta aplicación producirá resultados extraordinarios con resultados únicamente para *ti* porque la sociedad está prácticamente ciega ante las enormes consecuencias de seguir ignorando un diminuto detalle sobre la competición.

Y ese diminuto detalle es un principio de vida básico. Fue descubierto en el fondo de la piscina y se ha convertido en la clave secreta para competir de un modo que tus competidores ni siquiera saben que se está jugando un partido.

«Pero, a ver...», debes de estar pensando, «si fuera tan sencillo, ¿no lo sabría ya todo el mundo?». Quizá la mejor forma de explicar el proceso mental puede ser reflexionar sobre la sal.

Sin duda, la sal mejora el sabor de las cosas que comes. Pero, si nunca hubieras probado la sal, si ni siquiera supieras que existía, ¿la echarías de menos? ¿Notarías su ausencia? No, claro que no. Pero seguirías disfrutando de la *comida*.

Si tú y yo no hubiéramos decidido pensar hasta llegar al fondo de la piscina... si nunca hubiéramos empezado a examinar la diferencia entre lo que es *cierto* y *la verdad*, si nunca hubiéramos dicho ni pío, estoy seguro de que nadie lo habría echado de menos.

Pero, al no echarlo de menos, se lo habrían perdido TODO.

¿Todo? Defíneme «todo».

En este caso, con «todo» me refiero a «potencial sin conocer». Y en algún lugar, en el extremo más lejano de este potencial sin conocer, hay un punto que sí que es realmente la cúspide de la

Si tú y yo no hubiéramos decidido pensar hasta llegar al fondo de la piscina... si nunca hubiéramos empezado a examinar la diferencia entre lo que es *cierto* y *la verdad,* si nunca hubiéramos dicho ni pío, estoy seguro de que nadie lo habría echado de menos.

Pero, al no echarlo de menos, se lo habrían perdido TODO.

producción. Esa área tan pequeña y con pocos habitantes es, en realidad, el mayor nivel de logro. Y a ese lugar lo llamamos LO MEJOR.

¿Es posible estar satisfecho de haber hecho algo lo mejor *que has podido* y jamás siquiera acercarte a conseguir LO MEJOR?

Pues claro que sí. Frases como «tranquilo con la situación» o «satisfecho de mi rendimiento» son, sencillamente, la forma adulta de describir el sentimiento que, como niños, teníamos en la superficie de la piscina. ¿Te acuerdas? Como sabíamos que lo estábamos haciendo lo mejor que podíamos, y como no sabíamos que había otro nivel de logro superior, ¡nunca llegamos a buscar más allá de lo que ya estábamos haciendo!

¿Qué por qué he elegido la sal?

Bueno, es una analogía que se entiende bien. Si lo prefieres podemos usar los tomates...

¿Que ya te parece bien que sigamos con la sal? Vale... Durante un momento, imagínate un mundo sin sal. Nunca se ha probado o usado la sal de ningún modo. En ese mundo, ¿está la gente descontenta? No. ¿Y por qué? Pues porque viven en un mundo sin sal.

¿Tienen la sensación de que les falta algo? ¿Empiezan a creer que les han privado de algo? No, claro que no. Viven en un mundo sin sal.

Las personas llevan viviendo generaciones sin siquiera saber que la sal existe. De hecho, para ellos, la sal no existe. Por lo tanto, su mundo (el sabor de su comida, cómo conservan la carne y el pescado y sus métodos para eliminar el hielo) es perfectamente aceptable. Una falta de sal no crea desasosiego en la población mundial, ya que no solo nadie la ha visto o probado sino que… ¡ni siquiera se la han imaginado!

Ahora, imagínate que introducimos la sal en ese mundo. Tras un corto periodo de tiempo, ¿la gente prefiere su comida con sal? Sí.

¿Descubren que la sal conserva el pescado mejor y hace que sea comestible durante más tiempo que su forma anterior de conservarlo, secándolo al sol? Sí.

En comparación con el método de romper hielo con un pico y retirarlo con una pala y una carretilla, ¿no prefieren ahora la sal como una herramienta más sencilla para eliminar el hielo de una carretera? Sí. Sí, lo prefieren.

Así que, aunque es cierto que un mundo sin sal es aceptable, la verdad es que un mundo *con* sal es extraordinario.

¿Ah, que sigues queriendo saber lo del tomate? Vale, sí, te cuento…

La planta del tomate forma parte de la mortífera familia de las peligrosas belladonas, y durante más de doscientos años se la consideraba venenosa. Los habitantes del norte de Europa y los colonos de Norteamérica se aferraban a su creencia de que la planta del tomate era altamente tóxica. Y era cierto. ¿Quién iba a discutir ese hecho? Nadie. Mucha gente había visto cómo perros y ganado morían tras comérsela. El hecho de que la planta del tomate es tóxica sigue siendo un hecho indiscutible. Es absolutamente cierto que la planta del tomate es venenosa. *Cierto...* pero no *la verdad.*

Resulta que solo el tallo y las hojas verdes de la planta son peligrosas. E, incluso así, solo lo son si se consumen en grandes cantidades. La fruta de la planta del tomate, como ya sabes, no solo es comestible sino que es deliciosa.

Fue Robert Gibbon Johnson quien, casi sin ayuda de nadie más, consiguió cambiar la opinión pública sobre la peligrosidad del tomate cuando, en 1820, montó un escenario delante del juzgado Old Salem County Courthouse y, tras reunir a un grupo de curiosos, se comió tranquilamente una cestita de tomates. La multitud se quedó mirando, esperando ver a Johnson fallecer. Pero esto no sucedió.

Era cierto que la planta del tomate es venenosa. Pero, simplemente, no es la verdad. Bastante a menudo la gente abandona cualquier búsqueda cuando llega a algo cierto. ¿Y por qué? ¡Pues porque es cierto! Creen que lo que han encontrado es *la* respuesta. La prueba que se ofrecen a sí mismos, como confirmación, es que la respuesta que han encontrado produce resultados.

¿Recuerdas lo que hablamos en el capítulo 6? Cuanto más triunfe uno (cuanto más cerca esté de ser reconocido como el mejor en cualquier campo), *precisamente debido a los logros que ha alcanzado,* menos probable es que intente pensar más allá de aquello que, para empezar, le ha hecho llegar al punto donde está.

Pero, aun así, tú y yo no nos detenemos ante el descubrimiento de algo cierto. Puede ser *una* respuesta, pero no es *la* respuesta. Lo cierto a menudo puede ofrecer (y ofrece) grandes resultados. Pero no son LOS MEJORES resultados.

Lo cierto, en cuanto lo encuentras, se sitúa en la superficie de la piscina, donde todo el mundo podrá divisarlo fácilmente, incluso las multitudes que buscan una respuesta sin esforzarse demasiado. La verdad (LO MEJOR) a menudo se puede ver fácilmente, pero solo si estás buscándola y solo si la estás buscando en el lugar adecuado.

Y el lugar adecuado donde buscar... es un lugar que está más allá del punto donde todos se han detenido. Mientras todo el mundo parece estar pasándoselo en grande en la superficie, la verdad está esperándote en el fondo de la piscina.

Dieciséis

DESCUBRIENDO LA VERDAD SOBRE UNO MISMO

Ya te he contado la historia del fondo de la piscina y de cómo todo empezó a cobrar sentido. ¿Pero te has preguntado cómo acabé aplicando esto al dinero contante y sonante?

Pues bien, la respuesta tiene que ver con haber aprendido que, antes de salir por ahí a repartirte consejos, es mejor probar las cosas por mí mismo. Desde el fondo de la piscina empecé a descubrir los inicios de algo que parecía no estar reconocido por la sociedad moderna. Tú y yo ya hemos hablado de que algo puede ser cierto pero, aun así, no ser la verdad.

La verdad, como yo creo y tú ya sabes, indicaba la presencia de una base sólida, una realidad pura y sin filtros que, a partir de cierto punto, ya no puede redirigirse o explicarse más.

Anteriormente he descrito parte del proceso mental que sigo al determinar si puedo ayudar o no a una corporación, una empresa o un equipo. He explicado que la evaluación final que tengo que hacer de las personas en puestos de liderazgo clave es hacerme esta pregunta: «¿Me acompañarán al fondo de la piscina?».

La respuesta a esta pregunta es, obviamente, una decisión que yo tengo que tomar respecto a un posible cliente. Pero el motivo por el que tengo que responder a esta pregunta con precisión tiene que ver con una persona completamente distinta. Yo.

Exacto. Esa otra persona soy yo. A primera vista (aviso para navegantes), el proceso de razonamiento que voy a describir puede parecer contradictorio: no te aceleres; escúchame con atención. Ahora vamos a examinar otro detalle que todavía está en gran parte por descubrir o totalmente ignorado y que, en cuanto lo comprendes, supone una tremenda diferencia en tu vida profesional.

El grado hasta el que se te va a llegar a compensar económicamente está inexorablemente ligado al valor superior obvio (VSO) que tú creas para otros.

Al intentar discernir si un posible cliente estará dispuesto o no a ir conmigo al fondo de la piscina, es crucial que lo pueda decidir pensando con el mínimo de ataduras posible. Tengo que ser precavido ante la posibilidad de que los sentimientos o el afecto por un posible cliente u oferta económica puedan influirme.

Su disposición a ir hasta el fondo de la piscina debe ser el factor decisivo de mi decisión. Basarme en cualquier otro motivo, como se suele decir, no es más que «buscarme problemas».

Si a alguna parte del liderazgo de una organización le gusta competir en la superficie (independientemente de lo que pueda proclamar públicamente), nunca he visto que la organización en conjunto consiga una mejora de los resultados que vayan más allá de la media y el estándar del sector. Por desgracia, este es el caso incluso cuando un líder promete algo a sus compañeros en público y, por el otro lado, piensa y dice otra cosa.

Un ejemplo de esto (y es un ejemplo real) es una reunión previa que tuve con un posible cliente. En mi trayectoria profesional acababa de empezar a aceptar este tipo de desafío anual. Y, hasta ese punto, todas las personas con las que había trabajado habían producido resultados increíbles. En la reunión de ese día participaban la directora ejecutiva y sus tres vicepresidentes sénior. Cuando empezamos expliqué rápidamente que, si llegábamos a un acuerdo para trabajar, íbamos a empezar a competir inmediatamente a un nivel en el que sus competidores ni siquiera iban a advertir que estábamos jugando un partido contra ellos.

A medida que avanzaba la reunión, expliqué por qué era necesario para mí que el objetivo específico que teníamos que conseguir en un año natural era que la organización duplicara sus resultados. Por lo menos. Yo me aseguré (o al menos eso me pareció a mí) de que comprendieran lo importante que era ese resultado para mí.

Y, como te explicaré más adelante en este capítulo, les informé con cuidado de por qué doblar los ingresos del año anterior era algo importante para mí. No era por quién era yo. No, era importante por quién *no* era yo.

Los cuatro líderes se mostraron exteriormente entusiasmados y aceptaron que duplicar las cifras del año anterior era necesario. Comprendieron por qué tenían que conseguirlo y el hecho de que yo les mostrara cómo iban a conseguirlo, según afirmaron ellos, les dio total confianza. Estaban listos para empezar.

No fue hasta mucho más tarde que descubrí que uno de los vicepresidentes, a pesar de su aspecto entusiástico ante su jefa (y ante mí), en realidad no se había implicado en el proyecto. De hecho, casi inmediatamente después de que le diéramos al botón de encendido, empezó a trazar una narrativa que destruyó nuestro proyecto silenciosamente. Era algo así:

«Bueno, supongo que ya eres consciente de que nadie ha duplicado realmente sus ingresos, ¿no? De todos modos es un buen ejercicio para todos. Así tenemos más experiencia para marcarnos objetivos adecuados...».

«Oye, mira, si te paras a pensarlo (¡ja, ja, ja!), si realmente *consiguiéramos* duplicarlo, sería un desastre total. Imagínate, ¿cómo gestionaríamos el negocio? ¿Puedes imaginarte lo demencial que sería la carga de trabajo?».

Los otros tres líderes no vieron lo que estaba pasando hasta que fue demasiado tarde. Yo también aprendí la lección. Cuando estás en la cubierta, es fácil creer que lo que ves es lo mismo en todo el barco. Pero solo hace falta que uno de los oficiales baje y haga un agujero en el casco del barco para que avanzar a toda vela sea una tarea imposible.

Hoy en día, mucho antes de hablar de la posibilidad de tener una relación de cliente con cualquier líder o grupo de líderes, miro con atención a ver si detecto rasgos de sus caracteres, tanto buenos como malos. Busco entusiasmo, humildad, sinceridad, arrogancia, curiosidad, ganas de aprender, sentido del humor frecuente, determinación para comprender lo que se les dice, disposición a escuchar, alegría, flexibilidad, autocontrol, miedo, perspectiva sabia, imaginación, espíritu servicial y (este es muy importante) capacidad de centrarse en lo que está diciendo una persona ordinaria incluso cuando el presidente del país esté esperando para saludarle.

Sea como sea, como ya he dicho, tengo que ser completamente sincero conmigo mismo sobre quiénes son realmente. También tengo que comprender que el motivo más importante por el que tengo que evaluarles correctamente... soy yo.

Por extraño que pueda parecer, esta parte de la decisión no tiene casi nada que ver con quién creo que soy. Más bien (como también he dicho antes), ¡tiene muchísimo que ver con quién he visto que no soy!

No soy un medallista de oro olímpico. No tengo la copa de la Liga de fútbol. Nunca he sido el héroe en un desastre nacional que acabara saliendo en la portada de las revistas. No he sido el presidente de una empresa famosa. No soy un actor de televisión o una estrella de cine.

Lo que sí que soy es, probablemente, alguien muy parecido a ti. Tú eres alguien que se preocupa mucho por aumentar la seguridad económica de tu familia. Sí, yo también.

Durante años yo era consciente de que el tipo de personas que he enumerado anteriormente a veces recibían veinte o treinta veces más de lo que cualquiera se hubiera llegado a plantearse ofrecerme a mí por una misma hora de tiempo. La diferencia económica que había entre ellos nunca me había preocupado. Al fin y al cabo, ellos habían hecho cosas que los habían hecho famosos. Y yo no era famoso. Así que no pasa nada. Las cosas son como son, ¿no?

Y eso *era*... cierto.

Los exfutbolistas y los gimnastas retirados eran oradores mucho más valiosos que Andy Andrews. Ya hace mucho que los expertos del sector de los oradores habían determinado que yo había llegado al máximo nivel de lo que alguien como yo podría llegar a ganar. (Y créeme, no era mucho).

Sí, *era* cierto. Por suerte, conseguí caer en la cuenta de que no era la verdad. Por aquel entonces todavía no lo sabía, pero estaba compitiendo en la superficie de la piscina... manteniéndome a flote con los pies. Hoy en día no sé si sentirme avergonzado o no, pero estuve nadando por ahí ciegamente durante años antes de comprender algo tan simple que el hecho de no haber caído en ello todavía me parece ridículo.

No fue una comprensión instantánea. No fue como quien enciende un interruptor. En vez de ello, fue un esfuerzo por llegar al fondo de *esa* piscina. Poco a poco empecé a comprender que, para que me pagaran como a un exfutbolista con Balones de Oro que se dedica a ser un orador motivacional, no me hacía falta haber ganado ninguna Liga. ¡Lo único que tenía que hacer era ser tan valioso para una organización como lo había sido el futbolista para su equipo!

Para una empresa, me pregunté, ¿cuál *es* el valor de que un exfutbolista con Balones de Oro venga a dar una charla? La conclusión fue que se debe a que es famoso (es decir, que todo el mundo quiere hacerse fotos con él) y a que puede contar historias inspiradoras de cuando jugaba en la Liga. El exfutbolista acabará relacionando esas historias con la fuerza de carácter, la preparación, la persistencia y todas aquellas cosas de las que cualquier otro orador (yo incluido) habla cada vez que se sube al escenario.

Sabía que yo no podía competir con la fama del exfutbolista y que, en lo referente a mis capacidades de oratoria o incluso a los temas que tocara, lo que yo decía tampoco era tan diferente. Por lo que yo podía ver (a excepción de las anécdotas personales que se usan para ejemplificar cosas como «tener una buena actitud»), la mayoría de los oradores corporativos ya daban materiales bastante similares. Ahí estábamos incluidos yo y el exfutbolista.

Tras advertir que su fama superaba mis contenidos y ver que era poco posible que yo me catapultara a la «famosidad» (¿existe esa palabra?), caí en la cuenta de que, para alguien como yo, solo quedaba una alternativa disponible.

Tenía que crear un contenido que superara la fama. Eso significaba que tenía que buscar sabiduría y conocimiento como jamás había hecho en la vida. No solo iba a tener que competir con el valor de la fama, sino que vi que tenía que crear un contenido que pudiera superar el miedo económico que las empresas muestran durante las recesiones económicas nacionales.

«¿Cómo va a ser eso siquiera posible?», me preguntarás. Decidí que todo se resumía al valor del contenido. Y como yo era quien había encontrado algo que iba más allá de lo que todos los oradores del mundo estaban diciendo, en realidad, era mi valor como *yo mismo* lo que estaba en juego.

Me avergüenza reconocer que, antes de aquel momento, nunca fui en busca de la verdad sobre mí mismo. Verás, yo siempre había pensado en mi carrera en términos de lo que a mí me *iban* a pagar o en lo que pensaba que me *deberían* pagar.

Pero nunca se me ocurrió ser sincero conmigo mismo sobre mi valor real.

Caí en la cuenta (en una repentina revelación de lo obvio que era) de que yo tenía que convertirme en alguien más valioso. Y, lo que era más, como no tenía ninguna Supercopa ni medallas de oro, el valor que yo aportaba al partido iba a tener que ser obvio y los resultados, demostrables.

Con una enseñanza específica y estrategias poco ortodoxas pero lógicas, si yo iba a convertirme en alguien capaz de ayudar a una empresa o equipo a conseguir resultados radicales, *resultados cuantificables y reales* que nadie se hubiera atrevido siquiera a imaginar, solo entonces mi propio mundo iba a cambiar.

UNA VUELTA DE TUERCA... O CASI

Hace algunos años hubo un mecánico al cual le pagaron (al menos en una ocasión) diez mil dólares por menos de un minuto de trabajo físico. Esto pasó en la planta de una fábrica de una empresa importante, donde la producción de varios cientos de empleados dependía de una enorme máquina que alimentaba la línea de montaje de la compañía.

Una mañana despertaron al propietario de la empresa con la noticia de que su máquina esencial se había roto. Cientos de trabajadores estaban de brazos cruzados. El propietario fue a toda prisa hacia la planta. Los hombres y mujeres de esa fábrica producían casi un millón de dólares en productos cada jornada, pero ese día todo estaba paralizado.

El propietario consiguió llegar a la planta y los capataces le estaban explicando qué había pasado justo antes de que llegara la ayuda. Hoy en día diríamos que era un técnico pero, en aquellos tiempos, al héroe de nuestra historia se lo denominaba «un simple mecánico».

Los trabajadores, sin nada que hacer, se arremolinaron para observar al mecánico mientras este se paseaba alrededor de la enorme máquina. Todos guardaban silencio, intentando oír las preguntas que, en voz baja, el hombre preguntaba a su capataz. Y, en lo que pareció un santiamén, el mecánico sacó de su bolsa un par de alicates de mango largo.

Arrastrando un taburete alto hacia la máquina, se detuvo solo un instante. Ante la base de la enorme maquinaria, el mecánico se subió al taburete. No apartó la mirada ni un instante de algo que había visto en medio de ese amasijo de tuercas, palancas, conductos, válvulas, cables y circuitos. Bien erguido, levantó los alicates para alcanzar algo que quedaba sobre su cabeza. Los pasó por un tablero eléctrico y los metió a través de una maraña de conectores amarillos hasta que pudo agarrar con firmeza la cabeza de una pequeña tuerca hexagonal.

Cerrando los ojos, el mecánico le dio media vuelta a la tuerca con suavidad. Se detuvo, esperó y la apretó un poco más. Abrió los ojos mientras retiraba los alicates, miró la tuerca y la frotó una vez con el dedo.

—Arranque la máquina —le dijo a uno de los capataces.

Y eso hicieron. La máquina cobró vida con un rugido y todos los presentes irrumpieron en vítores. La línea de montaje empezó a moverse y los trabajadores tuvieron que echar a correr, literalmente, para llegar a su puesto.

Momentos después, el propietario y varios ejecutivos estaban comentando el suceso de aquella mañana cuando se les acercó el mecánico.

—¿Cuánto le debo? —preguntó el propietario mientras se sacaba el talonario del bolsillo de la chaqueta.

El mecánico sonrió.

—Serán diez mil dólares, señor.

Al propietario casi le dio un patatús, pero consiguió balbucear:

—¡Pero vaya un disparate! Si usted solo ha trabajado un minuto. Ni siquiera voy a pensar en pagarle sin una factura por escrito, desglosada y donde detalle el cargo y justifique la cantidad.

—Apuntando con el dedo, prosiguió—: ¡Lo único que ha hecho ha sido apretar una única tuerca!

Y con eso hizo ademán de irse.

—Señor —lo llamó el mecánico por encima del ruido de la máquina—. Señor, si me disculpa...

El propietario se detuvo y se dio media vuelta para ver si el hombre había recobrado la cordura.

—Señor —le dijo el mecánico—. Puedo hacerle la factura rápidamente.

Ya había sacado un bolígrafo y un talonario de facturas de la bolsa. Garrapateó algo rápidamente, arrancó con cuidado la página del libro y se la tendió al propietario.

—Tiene usted mi información de contacto debajo, señor. Le pediría que me tendiera el cheque para esa dirección.

Mientras el mecánico se alejaba, el propietario desdobló la factura. Mientras sus ejecutivos intentaban ver lo que ponía, el propietario leyó:

Apretar una tuerca	5,00 dólares
Saber qué tuerca apretar, en qué dirección apretarla y cuánto apretarla	9.995,00 dólares
Total	10.000,00 dólares
The service call is complimentary. Thank you, sir, for allowing me to help.	

Para cuando el propietario hubo vuelto a la oficina ya había decidido aceptar la factura. Pagaron rápidamente al mecánico.

¿Cuál es la moraleja de la historia? Simplemente esto:

El grado hasta el que se te va a llegar a compensar económicamente está inexorablemente ligado al valor superior obvio (VSO) que tú creas para otros.

¡STOP!

—Ten claro esto—

El intenso análisis en el capítulo siguiente es una disección cuidadosa de palabras con el objetivo de transformar las alarmas de la oportunidad financiera (que una generación entera está ignorando ahora mismo) en un aviso de calidad, de los de antes, de mí para ti.

Diecisiete

EL VSO Y TU FUTURO

El grado hasta el que se te va a llegar a compensar económicamente está inexorablemente ligado al valor superior obvio (VSO) que tú creas para otros.

Quiero decirte cómo esta frase afectó a mi vida y lo haré, pero en este punto tengo miedo de que veas la historia como si fuera una simple conversación. Lo que realmente quiero es transmitirte cómo esta frase puede afectar a *tu* vida.

Por lo tanto, es importante analizar esta frase por partes. Léela lentamente. Léela con cuidado. Vamos a usar nuestra versión del fondo de la piscina de la ingeniería inversa, empezando desde el principio y volviendo a construir la frase poco a poco cada vez.

LAS PALABRAS: *El grado*

EL SIGNIFICADO: *Cuánto*

LAS PALABRAS: *El grado hasta el que se te llegará a compensar económicamente.*

EL SIGNIFICADO: *Cuánto dinero harás.*

Ay, espera. Sí, un momento, tenemos que volver atrás. Nos llevará solo un minuto, pero es que me he olvidado el «jamás». Vamos a volver a intentarlo.

LAS PALABRAS: *El grado hasta el que jamás se te llegará a compensar económicamente.*

EL SIGNIFICADO: *El máximo al que llegarás. Sin excepción.*

Siento haber tenido que retroceder, pero es que se me *olvidó de verdad* el «jamás». Es un error común. A la mayoría de las personas les pasa. Pero yo ya debería saberlo, así que no hay excusa para mi error. De nuevo, lo siento... pero, dicho de forma simple...

Uno no puede perderse jamás el «jamás».

La palabra *jamás* en este contexto cambia su significado por completo, por no mencionar que añade un nivel de importancia esencial al concepto. Esa simple palabra hace las veces de triple signo de exclamación que supone una llamada de aviso para todas las personas que quieren llegar a conseguir algo más. Se refiere a todo. A todo, para siempre. Es decir: durante el resto de tu vida.

LAS PALABRAS: *El grado hasta el que jamás se te llegará a compensar económicamente está inexorablemente ligado.*

EL SIGNIFICADO: *La cantidad de dinero que ganarás durante el resto de tu vida no es algo que dependa del azar.*

Hay cosas en tu poder para determinar cuál es tu grado de independencia financiera. Hay cosas en tu poder para determinar tu nivel de prosperidad. Y, lo que es más, realmente tienes la capacidad de controlar lo rápido que entra el dinero, cuánto tienes y cuánto va a durar esa entrada de ingresos.

Aun así... tu capacidad para controlar estas cosas está inexorablemente ligada a (o «depende absoluta e inequívocamente de») otra cosa. Por suerte, esa «otra cosa» es algo que ya está bajo tu control.

La mayoría de las personas se pasan toda la vida sufriendo una combinación de estrés e impotencia. Por desgracia, nunca han sabido ninguna de las cosas que tú y yo estamos pensando ahora mismo. Incluso a pesar de que esto tiene la capacidad de eliminar de forma efectiva su sentimiento de estrés e impotencia. ¿Y por qué? Pues porque aprender en profundidad algo con la posibilidad de cambiar la forma en la que vivimos y llegar a comprender exactamente cómo controlar ese poder es complicado.

Una comprensión funcional de cualquier principio capaz de producir paz, influencia y prosperidad simplemente requiere una concentración más profunda durante periodos más largos de lo que la mayoría de las personas está dispuesta a invertir. La posible rentabilidad de la inversión no se tiene en cuenta. De hecho, en el caso de muchos, nada se tiene en cuenta. Porque la triste realidad es que:

Simplemente, no quieren pensar tanto.

Si sientes ahora mismo el deseo de escapar o estás bastante confuso, no pierdas la calma. La presión que sientes en la cabeza es normal. Es lo que pasa cuando te sumerges más profundamente. No te detengas aquí. Y, por Dios, no mires arriba ni te pares para respirar. Sigue hacia abajo. Concéntrate.

Estamos acercándonos al fondo de la piscina.

LAS PALABRAS: *El grado hasta el que jamás se te llegará a compensar económicamente* está inexorablemente ligado al valor superior que tú creas para otros.

EL SIGNIFICADO: *Según el significado, la palabra valioso significa «extremadamente útil o importante, que vale mucho dinero». Por lo tanto, para poder crear algo de valor para los demás, tienes que hacer, ofrecer o ser algo que sea extremadamente útil o*

importante. Porque eso vale dinero. Y, por lo tanto, crear un valor
superior valdrá más dinero... ¿no? Tendría que ser así, desde luego.

Sigue leyendo.

Si sabes que tienes el poder de elegir cada momento de cada
día, lo que quieras hacer con tu tiempo dependerá exclusivamente
de ti. Puedes invertirlo sabiamente o despilfarrarlo a lo loco. Al elegir cómo invertir tu tiempo, la consecuencia es que también estás
eligiendo qué aprendes, cuánto aprendes, con qué profundidad
comprendes lo que aprendes, qué hace con ello tu imaginación y
de qué forma actúas a partir de ese conocimiento.

Básicamente es la decisión que determina en quién te conviertes. *Cómo piensas* determina *quién eres*, así que también determina
en quién te conviertes y *quién acabarás siendo finalmente.*

En otras palabras, no hace falta vivir la vida como un peón del
azar, ya que *quién* acabas siendo tiene autoridad sobre *qué* acabas
siendo. Y qué acabas siendo (ya seas un líder sabio y próspero,
generoso con los demás, o un holgazán quejica) será un indicador
preciso del valor que estás creando.

Ay, espera... Pues nada, otra vez me ha pasado lo mismo. Lo
siento mucho pero, de nuevo, me he olvidado de incluir una palabra clave en la frase. El resultado final es:

LAS PALABRAS: *El grado hasta el que jamás se te llegará a*
compensar económicamente está inexorablemente ligado al valor
superior *obvio que tú creas para otros.*

EL SIGNIFICADO: *Fácil de ver. Imposible pasarlo por alto. Llamativo. Indiscutible.*

Más allá de toda duda. Claro como el agua.

Está claro que, aunque pasar por alto la palabra «obvio» es un poco irónico, la diferencia real que causa su omisión no es motivo de risa.

Imagínate que hay dos mercaderes que ofrecen el mismo servicio en la misma zona del pueblo. A simple vista parecen ofrecer el mismo servicio al mismo precio. Pero no es así. De hecho, uno de los mercaderes ofrece un valor a sus clientes, pero el otro ofrece un valor superior. ¿A cuál de los dos le comprarías? Cuidado... es una pregunta trampa.

Cómo piensas determina quién eres, así que también determina en quién te conviertes y quién acabarás siendo finalmente.

Cada día, en todo el mundo, la gente decide a quién contratar, dónde comprar, a qué iglesia ir, a qué dentista acudir, a qué agente inmobiliario contratar...

Toman cientos de decisiones en innumerables categorías derivadas de cuatro áreas básicas de la vida: bienes, servicios, personas y lugares. ¿Este adolescente o ese otro? ¿Este restaurante o el que hay calle abajo? ¿La tienda nueva del centro comercial o la vieja que hay en el centro de la ciudad?

Todo esto no es más que simple retórica hasta que la decisión que todas estas personas toman está entre otra persona... y tú.

A simple vista, las decisiones de este tipo podrían parecer

sencillas y directas. Los millones de personas que responden a estas preguntas cada día suponen una prueba asombrosa de que no siempre elegimos el valor superior en todas las situaciones. Ni siquiera en la mayoría de las situaciones. ¿Quieres saber la verdad? Lo hacemos a cara o cruz.

«¿Que qué?», seguramente debes de estar preguntándote, incrédulo. «Estarás de guasa. ¿Cómo va a ser posible eso? ¿Estás diciendo que muchos de nosotros no elegimos automáticamente el valor superior?».

Sí, eso es lo que estoy diciendo. Si nos dejan elegir a nuestro gusto, la mayoría de nosotros elegimos el valor superior más o menos un 50 % del tiempo.

¿Y por qué?

Por el simple motivo de que la mayoría de nosotros nunca es capaz de reconocer el valor superior. No discernimos la diferencia. Y ese es el motivo por el que *el valor superior debe ser obvio*.

No nos planteamos este hecho a menudo, pero en realidad la mayoría de nosotros somos expertos solo en un par o tres de las categorías de la vida. En nuestras áreas de experiencia, sí que nos suele ser fácil determinar la diferencia entre el valor y el valor superior. A menudo, sí.

Pero, fuera de estas áreas específicas, como solo tenemos un conocimiento por encima de casi todo lo demás, nos cuesta más detectar el valor superior. Por lo tanto, si estás compitiendo de algún modo o forma en el que haga falta que un ser humano tome una decisión, ten presente que, aunque ofrecer un valor superior es necesario y positivo, no es *ni de lejos suficiente* para ganar.

Fondo de la piscina: si quieres que los demás te elijan a ti, todas y cada una de las veces, entonces más te vale que el valor superior que hayas creado sea obvio.

Dieciocho

COMPETIR EN AGUAS PROFUNDAS

Es muy probable que ya hayas relacionado los conceptos que voy a mencionar. Pero, antes de seguir adelante, quiero estar seguro. Aunque los ejemplos usados para explorar este tema son de negocios, la aplicación es mucho más amplia. En realidad, la esencia de la competición en la vida *es* el mensaje.

Tu vida personal y tu vida profesional se influyen tanto entre sí que prácticamente puedes considerarlas como la misma cosa.

Por desgracia (para ellas), la mayoría de las personas se pasa toda la vida sin la menor conciencia de que están compitiendo cada día. Y, lo que es todavía peor, para la mayoría de ellas una descripción total de cómo *ya* están compitiendo no les ayudaría, ya que para empezar no se lo creerían o desconectarían antes de escuchar la explicación completa.

De nuevo, simplemente, no quieren pensar tanto.

De forma extraña, supongo, y por muy malo que sea para «ellos», para ti claramente sí que son buenas noticias. Es como si tu oponente estuviera en el estadio antes que tú pero se pasara todo el partido sentado en las gradas. En serio, si ese fuera literalmente el caso... ¿a que sería facilísimo ganar *esa* competición?

¿Recuerdas cuando te dije que enseño a los clientes a competir a un nivel en el cual sus competidores ni siquiera son conscientes de que hay un partido en marcha? Antes de entrar en lo que es realmente el «valor obvio», permíteme abordar un concepto erróneo que hay en el mercado. Si ya eres propietario de una empresa, agárrate. Lo que voy a revelarte puede que te deje de piedra. Allá vamos...

Por un momento, deja a un lado el concepto de valor obvio.

Incluso el negocio más aburrido es, por lo menos, vagamente consciente de que la percepción del valor crea una sensación de satisfacción. Cuando una empresa crea valor para sus clientes, su objetivo (la mayoría de las veces) es que el cliente quede satisfecho.

Por desgracia, el objetivo de tener clientes satisfechos es de las peores trampas, y resulta especialmente devastador porque la mayoría de las empresas se lo proponen, se tragan el anzuelo hasta el fondo y se lanzan voluntariamente de cabeza a conseguir esto. Y como la mayoría disfrutan de la compañía de los demás competidores (al fin y al cabo, todos los demás también intentan conseguir lo mismo), todos se quedan en la trampa para siempre.

Puede que te resulte interesante saber que, cuando acepto colaborar con una empresa u organización, lo primerísimo que dejo claro es que *el negocio de la satisfacción del cliente no es de ningún modo la forma de atraer a nuevos clientes o de conservar a los que ya tienes.*

La mayoría de las empresas, si no es que las sacude una onda sísmica, jamás llegan a pensar *más allá* de lo que les parece el objetivo supremo: satisfacer a todos y cada uno de los clientes.

Vale, vale, vale... Oigo desde aquí cómo te explota la cabeza. Tranquilicémonos y pongámonos a pensar en todo esto. ¿Es necesario que una empresa satisfaga a sus clientes? Sí. Sí, es necesario. Eso es cierto. Pero tú y yo estamos explorando el fondo de la piscina, donde la verdad revela mucho más.

PREGUNTA: Por satisfacer a cada cliente durante el mes de junio, ¿qué recompensa recibe una empresa?

RESPUESTA CIERTA: Se pagan todos los salarios y, de vez en cuando, alguna prima extra. Además, la comunidad reconoce que esta empresa es una de las mejores del lugar.

Vale... Volvamos a intentarlo...

PREGUNTA: Por satisfacer a cada cliente durante el mes de junio, ¿qué recompensa recibe una empresa?

LA VERDAD: ¡Pues que pueden volver a hacer lo mismo en julio!

Ten presente esto:

> **«La satisfacción del cliente» es el listón más bajo que puedes proponer, conseguir y seguir en el juego.**

Si te limitas a hacer menos que esto, tendrás problemas.

PREGUNTA: ¿Cómo ve el cliente típico el concepto de «satisfacción del cliente»?

RESPUESTA CIERTA: «La verdad es que no me lo he planteado demasiado. Me imagino que aprecio un poco más a las empresas que prestan atención a este tipo de cosas».

Repitamos... ahora con un matiz añadido a la pregunta.

PREGUNTA: En lo más profundo de su subconsciente, ¿cómo ve el cliente típico *realmente* el concepto de «satisfacción del cliente» en relación con él?

LA VERDAD: «Más me vale estar satisfecho; he pagado por ello».

Ten presente esto:

> **Asumiendo que esta respuesta refleja un sentimiento común, una empresa centrada en la satisfacción del cliente como objetivo último está compitiendo para sobrevivir de**

un modo que sus líderes creen que tienen una ventaja sobre la competencia.

Por desgracia, a lo largo de los años, aunque los datos y porcentajes se han recopilado, calculado y analizado con atención, esa ventaja ha resultado ser bastante similar al vapor. Sí, parece algo, pero cuando vas a agarrarlo, no hay nada.

Si eres propietario de una empresa compitiendo con tus rivales y crees que la satisfacción del cliente es tu ventaja secreta, estás equivocado. Porque ellos compiten contra ti del mismo modo.

PIÉNSALO: Tu producto es el mismo. Tus precios son prácticamente los mismos. Si dependes de la satisfacción del cliente para marcar la diferencia, si es el método por el que has optado para desmarcarte de los demás, en realidad solo tienes una oportunidad de que eso pase. Mientras tú intentas satisfacer a tus clientes, solo puedes cruzar los dedos para que tu competencia no consiga satisfacer a los suyos.

> «La satisfacción del cliente» es el listón más bajo que puedes proponer, conseguir y seguir en el juego.

Para tener la oportunidad de lograr resultados que parezcan imposibles para la mayoría, debes aprender a competir de modo que tu competencia ni siquiera sepa que se está jugando un partido.

TU PREGUNTA: «Venga, va, Andy. Sin exagerar tanto. Ponte serio, hombre. ¿Cuán probable puede ser (en realidad) que yo realmente sea capaz de competir con algún tipo de ventaja que mis rivales de negocio no conozcan?

MI RESPUESTA: *Muy* probable. De hecho, es una de las cosas más seguras de las que jamás he podido saber. Aun así, una advertencia... Yo no he dicho en ningún momento que tú tengas una ventaja que tus rivales desconozcan. Lo que he dicho es que puedes competir a un nivel en el que ellos jamás lleguen siquiera a saber que se está jugando un partido. Verás, tus competidores conocerán muy bien la ventaja que pronto emplearás. Pero, por increíble que pueda parecer, seguramente serán completamente ciegos a su poder abrumador.

Antes de revelar exactamente en qué consiste este poder, me gustaría que *tú* respondieras a tres preguntas extremadamente importantes.

1. ¿Alguna vez has pagado por algo más de lo que deberías?

   PUNTUALIZACIÓN: Incluso a pesar de que fueras consciente de que el producto o servicio podría haberse comprado a un precio inferior en algún otro lugar, tú has decidido comprarlo a un precio superior.

2. ¿Alguna vez has hecho una compra y, para ello, has conducido más rato o te has tomado más molestias de lo que era absolutamente necesario?

   PUNTUALIZACIÓN: Podrías haber comprado algo en tu misma calle pero has decidido cruzar media ciudad para comprar la misma cosa.

3. ¿Alguna vez has pagado por algo más de lo que deberías y, además, te has tomado más molestias de lo necesario?

PARA ACLARAR: Podrías haber comprado el artículo por Internet y haber pagado menos, pero has decidido conducir hasta una tienda física y pagar más.

Déjame intentar adivinar tus respuestas.

Sí, sí y sí. ¿Verdad? Pues claro que sí. Y no eres ni de lejos la única persona que respondería así. No me arriesgo demasiado si supongo que casi todos responderíamos a las preguntas del mismo modo que tú.

Pero espera. ¿Acaso no nos consideramos personas bastante inteligentes? Es decir, no es que vayamos presumiendo de ello por ahí, pero la verdad es que hemos conseguido llevar nuestras vidas en un rumbo bastante razonable. Aun así, pagar más de lo necesario por algo no parece demasiado inteligente.

De hecho, ahora que lo pienso, es ridículo. Me siento avergonzado. ¿Tú no? Tras pensar en dos opciones, habría que ser muy estúpido para llegar a esta conclusión: «Sí, ya, ya sé que lo puedo comprar por menos dinero. Y soy consciente de que puedo hacerlo sin dedicarle demasiado tiempo o esfuerzo. Pero ¡no! ¡Quiero pagar más por ello y tomarme más molestias para conseguirlo!».

¿Te parece a ti que esto tenga sentido? ¿Cómo va a ser posible que millones de nosotros lleguemos independientemente a una decisión como esta y nos comportemos de una forma que no solo ignora el sentido común, sino que también desafía a la lógica? Y no te lo pierdas: no solo eso, sino que ¡lo admitimos con alegría y probablemente lo volveremos a hacer la semana que viene!

No, no tiene ningún sentido. Quizá debería decir que no tiene ningún sentido... en la superficie. Verás, en la superficie, todo el mundo compite casi del mismo modo.

En la superficie, la batalla es por el precio y el producto.

¿Alguna vez has visto cuán a menudo los McDonald's y los Burger King están a un tiro de piedra el uno del otro? Sí, no solo se observan entre sí en la bolsa de Nueva York. No apartan la vista del precio y del producto, tanto de los suyos propios como de los de la competencia.

Pasa lo mismo con Starbucks y Dunkin' Donuts, las cadenas de supermercados o las tiendas de muebles. Incluso las gasolineras y los concesionarios de coches están lo más cerca posible de sus competidores.

La próxima vez que veas que el encargado de la gasolinera Shell al lado de tu casa se sube a una escalerilla para cambiar el precio de la gasolina en el letrero, saca el cronómetro y ponlo a contar. ¿Te crees que la chica de la Repsol y el chaval de la BP no están observando lo que hace? Lo más probable es que cambien sus precios en menos de una hora. La esencia de su batalla por la cuota de mercado es el precio y el producto.

Muy a menudo encuentras un Zara delante de un H&M. Además, los negocios suelen enviar con frecuencia equipos a las tiendas de sus competidores. ¿Y con qué misión? Para volver con información sobre las marcas específicas que ofrecen y cuánto cuestan los artículos. Exacto... precio y producto.

En la superficie, la batalla es por el precio y el producto.

Pero eso es solo en la superficie. Una empresa (o un equipo, una iglesia, una ciudad, una familia, un estado...) que compite desde el fondo de la piscina puede conseguir una ventaja prácticamente invencible.

Incluso aunque los posibles clientes muy a menudo ven a su competencia (y sus productos y servicios) básicamente como la misma cosa, sigue habiendo un camino interno, tremendamente seductor y poco conocido que el cliente potencial siempre tomará si se le llega a ofrecer la oportunidad.

Se trata de una idea revolucionaria que fácilmente supera la atracción de un precio inferior. Esta inusual y completamente abrumadora ventaja se denomina el *valor superior obvio* (VSO).

Verás, los productos que ofreces y a cuánto los cobras son prácticamente las únicas cosas que tienen en cuenta tus competidores.

Puede que hablen de la atención al cliente, pero todo lo que le importa a la mayoría de ellos es que su negocio tenga el producto que el cliente está buscando y a un precio que no le haga querer irse a otro lado. Y tus competidores consideran que un cliente se irá «satisfecho» siempre que no lo atienda un empleado maleducado.

Lo que tus competidores nunca se plantearán es la conclusión a la que tú y yo estamos llegando ahora.

Aunque seas consciente de la importancia de lo que ellos consideran *su* atención al cliente, tus competidores están ciegos ante el tremendo poder que supone lo que ellos denominan *tu* atención al cliente. El valor superior obvio ofrecido por ti y por las personas que hay en tu equipo se convierte en una marca distintiva y sin igual cuando cada parte de tu negocio viene de la mano de la atención genuina, la preocupación personal y la conexión sincera.

Diecinueve

LA VENTAJA INVISIBLE
E INSUPERABLE

Si has leído hasta aquí, lo reconozcas o no ante ti mismo, tienes sed de triunfo. Algunos queremos ganar partidos de fútbol. O ganar almas. Hay quienes desean profundamente triunfar como padres. Otros quieren ganar en los negocios, o en una combinación de varias cosas.

Parece casi fuera de lo posible poder concebir una misma respuesta con el poder de obtener victorias en prácticamente cada una de las categorías que se disputan en la vida, pero esta respuesta es real y está a tu alcance.

Hay personas que lo que hacen en la vida es evitar constantemente los problemas. Desconocedores de las repercusiones ocultas, también evitan muchos de los beneficios a largo plazo que las respuestas a estos problemas les podrían haber proporcionado si, para empezar, se hubieran enfrentado a ellos. Y, por supuesto, evitar los problemas es como ignorar las malas hierbas: acaban creciendo y multiplicándose.

También hay muchos que solo hacen lo que tienen que hacer. Hacen solo lo que deben para no hundirse. Para estas personas, mientras las respuestas que encuentren les permitan mantenerse a flote, eso ya les estará bien. Nunca encontrarán grandes respuestas porque es demasiado trabajo; les lleva demasiado tiempo y, francamente, *de nuevo*, no quieren pensar tanto.

Por extraño que parezca, no es la respuesta la que requiere pensar profundamente, sino la pregunta. Las grandes preguntas que te haces a ti mismo enviarán a tu mente consciente *y* a tu mente inconsciente en una búsqueda de sabiduría y perspectiva que finalmente acabará produciendo respuestas que cambian la vida.

No lo olvides jamás:

La calidad de tus respuestas normalmente estará determinada por la calidad de tus preguntas.

Por suerte para nosotros, hemos hecho una pregunta realmente magnífica en el capítulo anterior. ¿Te acuerdas? Hemos establecido que, a pesar de saber que un producto o un servicio está fácilmente disponible a un precio inferior, la gran mayoría de nosotros decidirá (y ya ha decidido) que, de vez en cuando, se tomará más molestias y pagará un precio superior en según qué situaciones.

Esta es la pregunta que hicimos: «¿Cómo va a ser posible que millones de nosotros lleguemos independientemente a una decisión como esta y nos comportemos de una forma que no solo ignora el sentido común, sino que también desafía a la lógica?». La respuesta viene directamente del fondo de la piscina.

Hay un único denominador común que une las decisiones que cada uno de nosotros ha tomado por separado para gastar nuestro dinero de una forma que, a primera vista, parece tan ilógica. Y lo que hace que la naturaleza de nuestras acciones sea todavía más misteriosa es el hecho de que el denominador común es, en sí mismo, completamente lógico. En otras palabras, aunque ninguno de nosotros le explica a nadie lo que ha hecho, todos tenemos un buen motivo para hacerlo.

El motivo por el que hemos pagado voluntariamente más y nos hemos tomado más molestias para hacerlo es increíblemente claro y tiene todo el sentido del mundo. O, al menos, lo tiene cuando conoces la respuesta.

En cada instancia nuestras acciones han sido (y siguen siendo) una forma tangible de demostrar agradecimiento o lealtad. Y, en cada caso, esa persona, en algún punto, ha hecho algo tan especial o ha sido tan importante para nosotros que nunca nos plantearíamos comprar ese producto en cualquier otro lugar.

La persona que son y lo que han hecho es algo tan poderoso que supera el precio, la distancia y el tiempo. Esa persona superó cualquier tendencia que pudiéramos tener de guiar nuestro comportamiento a partir de un precio. Ya fuera de forma inadvertida o a propósito, han creado un valor superior en nuestras vidas. Y era obvio.

No confundas jamás el valor superior con el valor superior *obvio*. Aunque la distinción pueda parecer sutil (o, para algunos, incluso inexistente), ambos son tan distintos como la noche y el día. Fíjate en que la mayoría de nosotros compramos la fruta en el supermercado que nos queda más cerca. La mayoría de las veces, la decisión que motiva esto está impulsada por una percepción casual del valor. E incluso por un valor superior, la mayoría de nosotros no hará un esfuerzo significativo para comprar en otro lugar.

La mayoría de las personas perciben el valor superior en términos de precio, comodidad o ambos. El valor superior obvio suele estar demostrado. Estamos convencidos de ese VSO cuando advertimos qué es realmente importante en nuestras vidas.

Aun así, *sí* que cruzaremos toda la ciudad en coche hasta una pequeña frutería familiar y pagaremos más con alegría por el mismo producto si el valor superior es obvio.

Plantéate que, de vez en cuando, decidimos cambiar de peluquería. Lo bien que nos cortan el pelo las personas que trabajan ahí, cuán a menudo, la disponibilidad que tienen, su personalidad, el tiempo de espera... Hay muchas cosas que tenemos en cuenta a la hora de calcular, inconscientemente, el valor de ese corte de pelo.

Por otro lado, si un peluquero o una peluquera ofrecen un valor superior obvio, puede que esa persona nos siga cortando el pelo durante el resto de su vida y nunca nos planteemos acudir a cualquier otra persona. Por el valor obvio añadido pagaremos más y con alegría. Y el corte de pelo ni siquiera tiene que ser excesivamente bueno.

La mayoría de las personas perciben el valor superior en términos de precio, comodidad o ambos. El valor superior obvio suele estar demostrado. Estamos convencidos de ese VSO cuando advertimos qué es realmente importante en nuestras vidas.

Aquí tienes dos ejemplos reales del valor superior obvio. El primero es el de la frutería familiar y el segundo, el de la peluquería. Te presentaré ambos ejemplos de forma que solo verás un lado de la conversación.

—Ay, sí, ya sé que cuesta un poco más comprar la fruta en Frutas Encarna. Y sí, ya, no nos queda al lado. Pero tengo que decirte que, para mí, vale la pena. Conoces a Javi, ¿no? ¿El frutero? Pues mira, cuando voy ahí con mi hijo, Javi sale de detrás del mostrador para estrecharle la mano. Al niño, sí. Y mi hijo solo tiene seis años. ¿Entiendes lo que te digo?

—Mira... Cinco días a la semana, mi mujer o yo llevamos al niño a la escuela. El director está fuera, en el patio, cada mañana, para darles la bienvenida a los alumnos, y los saluda entrechocando los puños con ellos. Y en la iglesia, el pastor le choca los cinco. Y todos los demás hombres también. Todos le chocan los cinco. ¡A mi hijo no hacen más que chocarle los cinco desde que aprendió a caminar!

—Y luego en el equipo de béisbol... Mira, su entrenador le ha enseñado un gesto así con la mano para señalar una jugada. Y ahora todos los padres de los demás niños hacen ese gesto para saludarse. Uf.

—A ver, lo que quiero decir es esto: cuando mi hijo crezca, nadie lo va a contratar porque sepa chocar los cinco. Nunca lo van a ascender o le van a subir el sueldo si se pone a saludar chocando el puño. ¡Mi hijo tiene que aprender a dar un buen apretón de manos, como un hombre, y para que eso pase, su padre no puede ser la única persona que conoce que le estrecha la mano!

—En cambio, ahí sale Javi Sánchez y le estrecha la mano, y le dice: «Venga, va... ¡Aprieta fuerte! Sí, perfecto, así me gusta. Un buen apretón de manos. Exacto. Ahora me tienes que mirar a los ojos... sonreír... ¿y qué se dice? Me alegra verte... *Qué bueno* verte».

—Eso, que me da igual si tenemos que comprar fruta o no. Si ya tenemos algo en casa, pues da igual, le compro otra cosa. Pero una o dos veces a la semana, mi esposa y yo vamos en coche hasta ahí para que nuestro hijo vea a Javi aunque sean cinco minutos.

O imagínate esta conversación por teléfono:

—Sí, Carlos. Sí, era *yo* quien salía de la peluquería de María y antes de que me lo preguntes, sí, ahí es donde me corto el pelo.

—Que ya lo sé. Ya sé que es un salón de belleza. Y no te pienses que soy el único hombre al que María le corta el pelo.

—¿Que qué? No, estoy bien. ¿Por qué preguntas?

—Vale, Carlos. Qué gracioso que eres, pero no, no estoy enfermo.

—Sí, a veces *sí* que me lo corta demasiado corto, pero mira, resulta que cada vez que me lo ha cortado demasiado, me ha vuelto a crecer. Qué cosa más rara, ¿no?

—No me estoy haciendo el listillo. Solo digo que tampoco pasa nada grave porque a veces se le vaya la mano con las tijeras.

—Ay, Carlos, solo intento ser optimista. Qué quieres que te diga, hombre.

—Vale, sí, que le pasa bastantes veces.

—Carlos. Si no paras de reírte, te voy a colgar el teléfono.

—Sí, sí, ya sé que hay otras personas que cortan el pelo y no, no necesito ninguna recomendación. Gracias.

—¿Y por qué no me preguntas por qué siempre voy a María para que me corte el pelo?

—Gracias. Vale, pues es por este motivo: hace catorce años, mi madre estaba en un geriátrico. Incluso con todos los problemas de salud que tenía, a mi madre le daba vergüenza que la viéramos sin el pelo bien arreglado.

—A papá le importaba un pimiento, claro, pero ella quería tener su aspecto de siempre. Tras varios meses de ir a verla, un día fui a visitarla y parecía que acabara de salir del salón de belleza. Y lo que había pasado era que el salón de belleza había ido a verla a ella.

—Bueno, tuve que investigar un poco. Yo ni siquiera conocía todavía a María, pero me enteré de que iba al geriátrico después de trabajar, una vez a la semana, y había peinado a mi madre. Siguió haciéndolo cada semana durante tres años, hasta que mamá murió. Y nunca quiso aceptarle ni un céntimo.

—No... a ver, sí, yo *intenté* pagarle. Y escucha lo que te digo: ella *todavía* va al geriátrico. Ahora va dos veces a la semana; después de estar trabajando todo el día, ahí está... cortándoles el pelo a los hombres y poniendo guapas a las señoras. Y todavía no acepta que nadie le pague. Así que decidí que tendría que aceptar mi dinero sí o sí cuando fuera a su salón. Bueno, en resumen, que por eso me corta ella el pelo.

—Pues once años. Y por lo que a mí respecta, María me va a seguir cortando el pelo hasta que uno de los dos muera. No pienso ir a ningún otro lado. No podría.

—Sí... Pienso que sería genial.

—Sí, claro, llámala. Seguro que te hace un hueco y te corta a ti también el pelo.

Ahora que estamos con estos ejemplos, me gustaría mostrar una reflexión esencial. Cuando Javi empezó a estrecharle la mano a un niño, ¿lo hizo pensando como una forma de crear una ventaja sobre sus rivales de negocio? Parece muy poco probable, ¿no?

Y tampoco creo que María se dedicara a cortar discretamente el pelo en el geriátrico para poder ganar más dinero. Aun así, es indiscutible que estas dos cosas han sucedido. Javi tuvo una ventaja contra la competencia, y María ganó más dinero.

La lección *disponible* que debe aprenderse es la siguiente: incluso cuando uno produce un gran resultado sin advertirlo, una comprensión del fondo de la piscina de *por qué* se ha producido ese resultado nos permitirá producir el mismo resultado a propósito.

Aun así, cuando el resultado se produce a propósito, sus llamas se ven avivadas por el boca a boca, lo que nos permite adueñarnos de un área y un volumen mayores durante un tiempo casi ilimitado.

A esto es a lo que yo llamo «competir a un nivel al cual tu competencia ni siquiera sabe que se está jugando un partido». El combustible necesario para poder competir de este modo depende, antes que nada, de la propia capacidad para comprender e identificar cuál es el valor superior para los demás.

Después, el valor superior deberá refinarse y enriquecerse hasta el punto de que pase a ser obvio. He descubierto que este proceso es casi exclusivamente una función de la persona en quien uno se convierte. Y la persona en la que nos convertimos es o bien la parte obvia del valor superior que ofrecemos, o el instrumento a través del cual se entrega el resto de este valor superior.

El segundo párrafo de este capítulo es una sola frase. Espero que la primera mitad de esa frase transmita mi comprensión de por qué una persona puede seguir teniendo un cierto escepticismo: «Parece casi fuera de lo posible poder concebir una misma respuesta con el poder de obtener victorias en prácticamente cada una de las categorías que se disputan en la vida».

Con la segunda parte de la frase, siendo muy consciente de que el escepticismo está ahí, sin duda habrás notado que aprovecho la oportunidad para reafirmar mi idea: «pero esta respuesta es real y está a tu alcance».

En el fondo de la piscina se llega a una asombrosa conclusión. No solo la respuesta es real. No solo está a tu alcance. La respuesta, de hecho, eres TÚ.

En una competición que, en la superficie, parece estar igualada (por el precio o el producto, por las normas, la edad, la tradición o el nivel de talento), *quién eres* se convierte en el factor decisivo para aquellos que toman la decisión. Esa decisión es la que no solo determina dónde van a comprar las personas, sino que también incluye el hecho de que te escriban una carta de recomendación, te den permiso para salir con sus hijas y muchas otras cosas que la mayoría de las personas jamás se planteará. La diferencia es la misma que hay entre darle a la bola o hacer un *strike*, marcar un gol o fallarlo, hacer una retención ilegal o no.

En varias ocasiones he oído decir a un comentarista de un partido de fútbol americano televisado la siguiente expresión: «Los árbitros pueden decidir que ha habido una retención ilegal en cualquier jugada que les apetezca». Un estudio en profundidad de las jugadas grabadas demuestra que la frase es bastante acertada. En aquel amasijo humano repleto de personas que se mueven, ¿quién va a decir si alguien está sujetando o no a otra persona? Por lo tanto, en la mayoría de los casos, los árbitros solo sacan el pañuelo de castigo en los casos más claros de retención ilegal. O al menos, en teoría.

Cuando ambos equipos se rigen por las mismas normas pero los árbitros pueden decidir si ha habido o no una infracción siempre que decidan que han *visto* una sujeción ilegal... ¿crees que un equipo tendrá una ventaja sobre el otro si le cae mejor a los árbitros?

¿Es posible que los árbitros de un partido de fútbol americano puedan darle aunque sea una ligerísima ventaja a un grupo de personas (un equipo) que se comporta de un modo que aprecian? Si los árbitros reaccionan como cualquier otro ser humano entonces sí, es posible.

No me malinterpretes. En ningún momento he querido transmitir que se den ventajas de cualquier tipo a propósito. Lo que estoy diciendo es que las acciones de este tipo son a menudo producto de un pensamiento subconsciente y que la mayoría de nosotros nos inclinamos *hacia* las personas que nos caen bien y nos *alejamos* de aquellas que no.

Pero ¿quiénes son estos árbitros de los que hablo? Si te paras a ver partidos en televisión, podrás determinar fácilmente quiénes son, al menos de media. En el fútbol americano universitario, los árbitros suelen rondar los cincuenta años de edad. A menudo tienen un aspecto tremendamente pulcro, parecen muy profesionales y son todos hombres. Con su edad seguramente tienen al menos a un adolescente todavía viviendo en casa. Si te fijas bien, la gran mayoría llevan anillo de casados.

¿Y qué tendrá que ver todo esto?

Piénsalo. ¿Qué le gusta a este tipo de persona? ¿Qué no le gusta? Estamos hablando de un hombre profesional, pulcro y de cincuenta años que está casado y que todavía está criando a un adolescente. ¿Qué tipo de comportamiento aprueba esta persona? ¿Y qué cosas desaprobará?

La próxima vez que veas un partido televisado del equipo de fútbol americano de la Universidad de Alabama, quédate a ver al menos el principio. El inicio del partido es el momento en el que se muestra en pantalla la fotografía individual de cada jugador. Aunque muchos otros equipos aparecen con camisetas de manga corta o con el uniforme sin hombreras, los Alabama Crimson Tide aparecen en las fotos con chaqueta y corbata.

Muchos otros equipos hacen muecas ante la cámara y posan para intimidar. Los jugadores de la Universidad de Alabama, por lo contrario, sonríen con amabilidad.

Se muestran respetuosos con los árbitros y los entrenadores, incluso los del equipo contrario, antes y después del partido y durante toda su duración. No hay ostentosas celebraciones tras un primer intento, ni hay discusiones en los laterales por las decisiones del entrenador. Tampoco ponen en entredicho las decisiones de los árbitros.

Yo no soy nadie para decir si esto supone o no una diferencia. Aun así, ¿qué tipo de jugador te gusta a ti? ¿Qué tipo de comportamiento quieres que imite tu hijo adolescente?

Nick Saban, el entrenador principal de los Alabama Crimson Tide, es sin duda el mejor entrenador de fútbol americano universitario. Esto no es una opinión sino un hecho, basado en que ha ganado más campeonatos nacionales que todos los demás entrenadores en activo juntos. Si hay alguien en el mundo del deporte que comprende la ventaja que supone que un equipo muestre un comportamiento ejemplar, una educación constante y un buen carácter... ese es Nick Saban. Compite de formas que sus rivales ni siquiera saben que se está jugando un partido.

¿Prefieres un ejemplo del básquet? Pues te hablaré del efecto Jordan. Cuando Michael Jordan estaba en su mejor momento, con los Chicago Bulls, los entrenadores de los demás equipos denominaron con ese nombre, el efecto Jordan, a un fenómeno que se daba partido tras partido y que, a su parecer, era injusto. Los medios de comunicación nacionales también alimentaron esa noción. Su argumento era que los árbitros estaban tan fascinados por Michael y por su talento que no eran capaces de pitarle ninguna falta.

A medida que los entrenadores rivales, sus equipos, los seguidores de sus equipos y los medios de comunicación se obsesionaban cada vez más con la idea, alguien se dedicó a repasar los partidos de los Chicago Bulls durante un tiempo y «demostró» que el efecto Jordan proporcionó a los Bulls una ventaja de al menos cinco puntos en cada partido. Los comentaristas de la ESPN a menudo señalaban que los árbitros se apresuraban a pitar falta a los jugadores que se mostraban agresivos con Michael pero que vacilaban a la hora de pitarle a él cuando era agresivo con sus oponentes. En Sports Center se pasaban vídeos donde se mostraban las muchísimas veces que a Michael se le permitía dar uno o dos pasos sin driblar y sin que le pitaran por hacer pasos.

Así que era cierto. El efecto Jordan era real.

Aun así... el efecto Jordan realmente tenía muy poco que ver con el dominio de Michael en la cancha. Michael Jordan había descubierto un modo de competir de forma que sus rivales ni siquiera eran conscientes de que se estaba jugando un partido. Michael ya estaba compitiendo en el calentamiento previo al juego. Competía durante las pausas para los anuncios de televisión. De vez en cuando incluso competía desde el hotel, antes de que el equipo pisara el estadio. Y sus oponentes no tenían ni idea.

Si alguna vez has seguido la NBA seguro que habrás advertido que muchos jugadores reaccionan de mala forma cuando se les pita una falta. Muchas veces (¿la mayoría de las veces?) sueltan resoplidos y dirigen malas miradas al árbitro y, con sus tonterías, no hacen más que enardecer a sus seguidores, que a menudo acaban abucheando y metiéndose también con el árbitro. Durante las entrevistas tras un partido, es común oír a jugadores que dirigen críticas a los árbitros.

Pero las críticas y las quejas jamás estuvieron en el repertorio de Jordan.

Michael Jordan se aseguraba de conocer a todos los árbitros por su nombre y de saber algo de su vida. Y durante los calentamientos, las pausas para publicidad o en el vestíbulo del hotel, hablaba con ellos.

—¡Hombre, Steve! —saludaba—. ¿Cómo está tu hijo? Bobby está en octavo este año, ¿no? Me dicen que últimamente pisa fuerte en la cancha. Bueno... ya sabes que a mí ni siquiera me aceptaron en el equipo del instituto. ¡Dile a Bobby que he dicho que lo está haciendo mejor de lo que yo lo hacía a su edad! ¡Dile que siga así de mi parte!

El árbitro volvía a casa y le decía su hijo:

—Ah, por cierto, Bobby... Michael me ha dado un saludo para ti. Sí, claro que somos amigos. Lo siento, pensaba que lo sabías. Sí, nos tuteamos, sí; me llama Steve.

Y ahí lo tienes. El efecto Jordan. En un partido, ¿a quién crees que le daban el beneficio de la duda? ¿Al jugador que se quejaba de cada decisión arbitral y que cada vez que tenía un encontronazo con un árbitro se dedicaba a insultarlo entre dientes? ¿O al colega del árbitro, el jugador que se había interesado por su hijo?

Ese tipo de competencia, por supuesto, también funciona a la inversa.

John Hirschbeck fue un árbitro de las Grandes Ligas de Béisbol durante trentaidós años. John y su hermano Mark fueron los primeros hermanos que arbitraron en las Grandes Ligas.

El 27 de septiembre de 1996, la temporada ya llegaba a su final. John Hirschbeck, una figura del béisbol ya tremendamente respetada por aquel entonces, era el árbitro del *home plate* para un partido entre los Baltimore Orioles y los Toronto Blue Jays. Tristemente, él y su esposa acababan de perder a su hijo de ocho años ante una enfermedad cerebral genética (ALD). Entonces, en una demoledora coincidencia casi inimaginable, diagnosticaron a su segundo hijo con la misma enfermedad.

Ese primer día la suerte no sonrió al segunda base de los Orioles, Roberto Alomar, cuando salió a batear. El último lanzamiento se había convertido en el tercer *strike*. El jugador montó en cólera y empezó a discutir de inmediato y a insultar al árbitro. Entonces, para total estupefacción de todo el mundo que había en el estadio y todos aquellos que estaban mirando el partido televisado, Alomar escupió en la cara de John Hirschbeck.

Te ahorraré los detalles (incluidas las portadas de las revistas y los relatos en primera plana de los periódicos) que se dieron las semanas siguientes. La penalización de Alomar fue extremadamente suave, de modo que pudo seguir jugando el día siguiente y durante los partidos de desempate de su equipo. En la Asociación de Árbitros de las Grandes Ligas estaban furiosísimos, como te imaginarás, de que no lo hubieran suspendido inmediatamente.

Pero, en medio de la ardiente indignación, hubo un pequeño grupo de personas que siguieron las consecuencias del repugnante gesto de Alomar con fascinación. Los *pitchers* de las Grandes Ligas vieron de lejos la oportunidad que se les presentaba. ¿Y por qué? Porque tenían la sensación... Mejor dicho, *sabían* que la zona de *strike* de Alomar en la temporada siguiente pasaría a adquirir unas proporciones desorbitadas. Y así fue.

Nada más empezar la temporada de 1997, quedó bien claro que lo único que tenían que hacer los *pitchers* era limitarse a lanzar la pelota *cerca* de la *home plate*. En bastantes ocasiones en las que el lanzamiento pasó a más de dos palmos de la *home plate* o en las que Alomar tuvo que esquivarlo para que no lo golpeara, el árbitro decidió que era un *strike*. Y ni los Orioles, ni las Grandes Ligas del Béisbol, ni Roberto Alomar pudieron hacer nada al respecto. En aquella época no había reglas donde se pudiera ver la jugada repetida y los árbitros, que poseían el control total, podían «decidir en base a lo que habían visto».

En las ligas superiores de béisbol, una bola rápida de 46,46 m/s va de la mano del *pitcher* al guante del *catcher* en cuatro décimas de segundo. Alomar, en su momento, fue conocido por ser uno de los bateadores con la vista más aguda; se decía de él que era capaz de saber si un lanzamiento (incluso a aquella velocidad) había pasado cinco centímetros *por dentro* de la parte exterior de la base o *por fuera*. Pero, por comportarse de forma tan tremendamente grosera en una única ocasión en 1996, su fenomenal capacidad no tuvo importancia en 1997.

En 1996 consiguió pasar a la primera base en noventa ocasiones, dosificándose con paciencia que el árbitro pitara cuatro lanzamientos como no válidos y le permitiera pasar directamente a la primera base (en una maniobra conocida como «bases por bolas»). En la temporada siguiente, las «bases por bolas» de Alomar quedaron reducidas a más de la mitad: en 1997 solo lo consiguió cuarenta veces. En efecto, estos números demuestran que, aunque Roberto Alomar escupió a un solo árbitro, el siguiente año se vio sujeto al escrutinio de *todos* los árbitros, que hicieron que le fuera un 56 % más difícil conseguir una base por bolas.

Me imagino que podría decirse que el efecto Alomar fue el opuesto exacto al de Michael Jordan.

Antes de seguir adelante, es importante comprender que estos ejemplos del deporte en sus niveles más altos son también metáforas efectivas para, por ejemplo, una liga infantil. De hecho, a un nivel local, el jugador o el equipo que crean buen ambiente, tienen buenos modales y cuentan con una reputación intachable pueden disfrutar de mayores ventajas en el partido y en la vida de las que pueden corresponder a jugadores mayores o más dotados.

Del mismo modo, aunque la frutería y el salón de belleza de los que hemos hablado fueran ambas pequeñas empresas, debes saber que el tamaño de la empresa no tiene nada que ver con la ventaja competitiva que hemos descubierto en el fondo de la piscina. Una empresa con diez mil trabajadores es igual de capaz de producir resultados increíbles que una pyme con muy pocos empleados.

Al ser conscientes de cómo crear VSO de forma individual y conectar a la persona que son con su comunidad y sus clientes, un grupo de diez mil personas puede ser tan efectivo como un grupo de diez. Y esto lo sé con certeza porque trabajé durante tres años con una empresa que «lo captaba»... En aquella empresa comprendieron el poder del *valor superior obvio* desde el principio.

Durante esos tres años observé cómo la empresa creció y pasó de tener seiscientos empleados a diez mil. En tres años aumentaron sus ingresos anuales desde los 5.400 millones de dólares a más de 22.000 millones.

Tenían y siguen teniendo un equipo directivo increíble. Los empleados trabajan con ahínco para crear un equipo más fuerte y mejor cada día. Animan a sus compañeros de equipo y sirven a los demás abiertamente, de formas que no guardan ninguna relación con su empresa. Los líderes de esa empresa son humildes, divertidos, capaces de gestionar rápidamente las situaciones antes de que se conviertan en problemas y tienen más amigos fuera del sector en el que trabajan de los que la mayoría de los jefes empresariales consiguen tener siquiera dentro de su ámbito.

Asumen su responsabilidad y *reconocen* los méritos de los demás. El liderazgo como este es escaso. Y no tendría por qué ser así necesariamente.

Anteriormente hemos buscado la definición de la palabra *valor* y la siguiente frase nos da un ejemplo de su uso: «Esta silla antigua ha acabado adquiriendo bastante valor». La frase es útil, me imagino, y es una respuesta válida para cualquier niño de primaria que necesite una definición para un examen de vocabulario. Pero para alguien que está indagando a niveles tan profundos como tú y como yo, hay más. Y, como de costumbre, la sencilla pregunta «*¿Por qué?*» nos llevará a la revelación.

¿Esta silla antigua ha acabado adquiriendo bastante valor con el tiempo? Vale... ¿Y por qué? Por el simple motivo de que, a medida que pasa el tiempo, quedan cada vez menos sillas como esa. En efecto, ha acabado siendo escasa. La escasez es el primer paso hacia la singularidad. Cuanto menos se encuentra algo, más escaso se vuelve. Y, cuanto más escaso es, más valioso se vuelve.

Las personas como Javi, María, Nick y Michael (y tú) son escasas.

Veinte

DINERO EN LA BASURA

El valor superior obvio (VSO) no solo se usa para competir en el mundo de los negocios de la forma tradicional. El VSO es lo que *crea negocio*, y los jóvenes de todo el mundo se dan cuenta de ello.

En la mayoría de las ciudades, si en una casa quieren que les recojan y les retiren la basura, esta tiene que estar en grandes contenedores junto al bordillo, por la mañana, dos veces a la semana.

Así que, ocho veces al mes, hay que arrastrar esos enormes y pesados cubos de basura hasta la calle y, tras vaciarlos, volver a acarrearlos de vuelta a casa. Esta tarea doméstica debe hacerse bajo el abrasador calor y la humedad del verano en el sur de Estados Unidos.

Y también hay que hacerla en el invierno del medio oeste de los EE. UU., luchando contra el viento frío o el hielo que recubre los empinados caminos que van de la casa a la acera, forcejeando con el cubo para llevarlo de vuelta. A pesar del hecho de que también llueve de vez en cuando, la mayor parte de los residentes de la mayoría de las ciudades hacen esto ellos mismos. O hacen que se encarguen sus hijos.

Algunos de los que no tienen niños en casa acaban llegando a la conclusión de que vale la pena pagarle unos cuantos dólares al hijo de los vecinos para que se encargue del proceso. Y, por supuesto, todos sabemos que contar con el vecinito para esta tarea a menudo conlleva un cierto nivel de implicación continuada en el proceso.

Estoy convencido de que en el lugar donde vives tú tampoco hay demasiadas situaciones en las que una persona pueda despreocuparse por completo de tirar o sacar la basura. Encontrar a un vecinito que nunca se va del pueblo, a quien no haya que recordarle la tarea ni volver a enseñarle cómo hacerla, que no tiene partidos de fútbol o deberes o una emergencia de sus padres... Bueno, hay escasos niños así.

«Escasos» en el sentido de «valiosos».

Y resulta que yo conozco a un chico que advirtió precisamente esto. Tras evaluar el proceso de sacar la basura y pasar a encargarse de los detalles concretos de cada propietario, este joven ha creado un valor para un pequeño número de personas. Por ahora prefiere mantener su nombre en secreto, pero ya se está preparando para el momento en el que su modesta clientela crezca.

—Cuando voy a trabajar —me explicó—, ¡no parezco un basurero! Me ducho antes de salir de casa y me visto como se visten mis clientes cuando van a la oficina.

He visto cómo trabaja ese jovencito. Saluda alegremente a los vecinos de sus clientes y habla con una sonrisa. Este joven se ha granjeado un alto nivel de confianza y comodidad en los vecindarios donde trabaja. Ha creado valor. Y ese valor también ha generado mucha curiosidad.

—¿Quién es ese joven que veo que te saca la basura? —le preguntó un vecino a uno de sus clientes—. ¿Es un estudiante de por aquí? ¿Y a dónde va cada vez que lo veo? No va vestido como para sacar la basura, desde luego.

—No, me imagino que no se ha vestido así para tirar la basura —repuso el cliente—. Pero a eso se dedica. De eso trabaja, quiero decir. Ha creado un negocio de la nada. Le pago cincuentaicinco dólares al mes y así me olvido de sacar la basura. Nunca he tenido que recordárselo. Nunca he tenido que pedirle que haga algo de otro modo o que preste más atención. No tengo ni que pensar en ello. Estoy menos estresado. Tengo más tiempo por las mañanas. Nunca me ensucio la ropa. ¿Quieres saber a dónde va? Pues directo a la cima, ya te lo digo yo. Por mi parte voy a conseguirle a este chaval tantos clientes como pueda. Espero que gane un millón de dólares, ¡porque no quiero que se vaya *jamás*!

Y ahora... ¿qué? Esto está varios pasos por encima del simple valor superior. Eso, amigo mío, es el VALOR SUPERIOR OBVIO.

Para mí es interesante que, siempre que cuento la historia de este joven, el público parece creer que es alguien muy inteligente que se ha topado con esta idea innovadora. De hecho, lo que hace no es una idea innovadora. Aun así, mi joven amigo fue lo suficientemente inteligente como para ver algo que ya se había hecho antes, advertir que podía empezar el negocio a partir de una persona y averiguar qué era lo que promovía el éxito en esta empresa.

¿Recuerdas lo que he dicho en el capítulo 19 de que diez mil personas podían ser tan efectivas como diez?

Este chico está creando el mismo tipo de negocio que Wayne Huizenga construyó y lo está haciendo del mismo modo. Cuando en 1968 Huizenga fundó Waste Management, una empresa de gestión de residuos, era un negocio de un solo hombre. A medida que iba añadiendo más empleados, «el hombre de la basura» decidió que su meta última era tratar a los clientes como a familia. Hoy en día, Waste Management está valorada en 3.000 millones de dólares.

Veintiuno

UN HOMBRE INTELIGENTE... Y UN HOMBRE SABIO

Había una vez, hace mucho tiempo, en un lugar muy, muy lejano, un hombre muy rico y de un tremendo intelecto que se fue a vivir a una gran isla. Además de contar con una inteligencia natural, era un hombre muy culto.

La isla estaba poblada por personas de muy buen corazón pero muy normales. Como este hombre poseía dinero y títulos académicos y parecía saber muchísimo más sobre cualquier cosa que cualquier otra persona que viviera en el lugar, los isleños lo consideraban su líder *de facto*. Por lo tanto, siempre actuaban según sus indicaciones, ideas y formas de hacer las cosas.

«Sabe todas las respuestas», solían decir. «Siempre tiene razón. Aunque nosotros a veces se nos escapa lo que es cierto y adecuado, ¡él sí que lo ve todo!».

Sí, eso es exactamente lo que decían: que lo veía todo. Era una forma bastante curiosa de describir al pudiente intelectual, dado que el hombre era completamente ciego.

Sí, los resultados del hombre *eran* excepcionales y, durante mucho tiempo, los resultados obtenidos por los habitantes de la isla, que adoraban a su líder, prácticamente estuvieron casi al mismo nivel. Pero, aun así, ni una sola persona consiguió llegar a superar lo que el ciego había conseguido. Y, por supuesto, debido a la regularidad de los buenos resultados del hombre, las pocas áreas problemáticas que *sí* que había fueron ignoradas.

En una ocasión, un isleño abordó el tema de lograr mejores resultados y preguntó cómo podrían mejorarse estas áreas problemáticas. Su líder inspiró profundamente y se limitó a exponer los hechos como él los veía: en realidad, no había nada que *pudieran* hacer al respecto.

—No es para presumir —añadió—, pero recuerda que sé todo lo que hay que saber sobre este tema y, simplemente, las cosas son así. Es triste, lo sé. Pero lo que te estoy diciendo es absolutamente cierto.

También vivía en la isla un anciano, un señor muy sabio y mayor, que oyó la respuesta del hombre rico a la pregunta. Aquella noche el anciano no pudo dormir: las palabras del rico le daban vueltas por la cabeza, repitiéndose una y otra vez. *«No puede hacerse nada al respecto. Sé todo lo que hay que saber sobre este tema. Es absolutamente cierto».*

La mañana siguiente el anciano invitó al rico a acompañarlo en una aventura hasta el otro lado de la isla y le prometió que le presentaría algo que jamás había experimentado.

—Aquí —le dijo— vive una bestia de enormes proporciones. Tú has venido de muy lejos y, por lo tanto, nunca has oído hablar de ella. Está claro que eres ciego y no puedes ver a la criatura pero, a pesar de su tamaño, es mansa. Yo te guiaré para que te acerques y puedas tocarla.

Aquella tarde, tras una larga caminata, los dos llegaron a su destino. El anciano llevó con cuidado al hombre, rico pero ciego, a pocos pasos de la bestia. Hablando con suavidad, le dijo:

—Lo tienes directamente delante. Es un animal tremendamente inusual que, como he mencionado antes, es también inusualmente grande. Se llama «elefante».

El sabio anciano detectó el nerviosismo del ciego.

—Ahora, poco a poco —le instruyó con calma—, avanza hacia adelante y alarga el brazo. Podrás palparlo. Cuando lo hayas hecho, por favor, descríbeme al animal tan bien como puedas y después, con tu increíble intelecto, dime para qué puede usarse este animal.

Con estas instrucciones, el ciego levantó las manos y avanzó, vacilante. Tocó al enorme animal poniéndole las palmas planas sobre el costado y moviéndolas poco a poco. Las pasó de derecha a izquierda, de arriba abajo. Volviendo a situarse a la derecha, repitió el proceso antes de pasar a la izquierda y volver a hacer lo mismo. Al poco rato el ciego esbozó una sonrisa, lo que hizo que su viejo guía le preguntara:

—¿Estás listo para responder?

—Sí —respondió, confiado, el rico—. Un elefante es como una pared. Es como una pared muy rugosa, grande, alta, ligeramente curvada pero principalmente plana. Un elefante se podría usar como una barrera, una puerta grande o quizá una parte de una pared mucho más grande.

El anciano no dijo nada, así que el ciego buscó confirmación.

—¿Y bien? —preguntó—. ¿Tengo razón? ¿Es mi descripción y mi lista de usos cierta?

—Sí —asintió el sabio—. Todo lo que has dicho es cierto. —Inclinando la cabeza a un lado, añadió—: Pero, simplemente, no es la verdad.

El ciego se quedó sorprendido.

—No lo entiendo —dijo—. ¿No es la verdad? ¿Pero cómo no va a ser cierto lo que he descubierto? ¿Cómo no va a ser la verdad mi conclusión?

—Hay dos respuestas a esa pregunta —replicó el anciano—. Una revela la verdad sobre el elefante. Y la otra, la verdad sobre ti.

El rico reflexionó un rato antes de responder:

—Vale. Me has dejado sin saber qué decir. ¿Cuál es la verdad sobre el elefante? ¿Y qué es esto que no sé y que es la verdad sobre mí?

El anciano le puso la mano sobre el hombro. Con la voz cargada de amabilidad, le dijo suavemente:

—En lo referente al elefante, tus manos y tu mente dejaron de explorar mucho antes de que comprendieras la totalidad del animal que tienes delante. Quizá es porque eres muy listo, pero decidiste rápidamente cómo era el elefante, cómo se puede usar y, sin pensar más allá de lo que ya sabías, respondiste de inmediato.

»Lo que has descubierto es cierto. Lo que has afirmado es correcto. Pero no has llegado tan lejos como podrías. Nunca has llegado a la base sólida. Y, por lo tanto, no puedes (y nunca podrás) llegar a comprender la verdad completa sobre el elefante.

—¿Y qué debería haber hecho? —preguntó el ciego.

—Si tan solo hubieras seguido avanzando unos pasos más a la izquierda —repuso el anciano—, quizá hubieras descubierto que el elefante es como una serpiente o como un tubo flexible que puede usarse para sacar agua. Si hubieras seguido palpando hacia la derecha o la izquierda, podrías haber declarado que el elefante es como unas columnas gruesas que se podrían usar como soportes para una cabaña.

El hombre rico empezó a decir algo, pero el anciano lo detuvo. Con una risita, el sabio prosiguió:

—¡Espera! ¡Hay más! Y aunque es cierto que por la parte de detrás uno podría decir que el animal es como un matamoscas o como un pincel, aunque también es cierto que por delante uno podría decir que es como dos enormes abanicos... la verdad, la verdad completa, es que el elefante es *todas* estas cosas y, probablemente, más.

»De hecho, si realmente el elefante *es* más cosas, entonces todo lo que tú y yo sabemos ahora es simplemente cierto, mientras que la verdad sería esa base sólida a la que tenemos que seguir intentando llegar.

El ciego asentía, absorbiendo cada palabra. Empezaba a comprender.

—¿Y qué pasa con la otra respuesta? —inquirió—. ¿Cuál es la verdad sobre mí?

—La verdad sobre ti es sencilla —replicó el anciano—. *Hay más cosas.* Hay más cosas que puedes aprender y comprender. Hay más cosas en las que puedes convertirte. Sí, ya sabes más que todos los demás. Eso es cierto. Pero *la verdad* está bastante más allá de lo que sabes.

El anciano se detuvo. Excepto por la suave brisa que mecía las palmeras y el sonido de los pájaros, todo estaba en silencio. El elefante, todavía cerca, pasó el peso de una pata a la otra. El ciego oyó el movimiento y sonrió. Seguía reflexionando sobre las palabras del anciano, también en silencio.

Esperaba. No sabía exactamente a qué esperaba pero, de algún modo, sabía que el anciano también estaba sumido en sus pensamientos... quizá rezando. Sintió cómo el anciano se preparaba para terminar de decir lo que quería decir y percibió su deseo de escoger cada palabra a la perfección.

El anciano no podía saber qué le pasaba por la cabeza al ciego, está claro, pero, efectivamente, acababa de elevar una breve plegaria. Sí que tenía otra cosa que quería decir. Y quería escoger cada palabra a la perfección.

Sabiendo la importancia del concepto que le estaba transmitiendo a este hombre tan influyente, quería que recordara la última reflexión que le iba a transmitir. Quería cautivar la mente del líder y llegarle al corazón.

Finalmente habló.

—Amigo mío —empezó—, eres muy inteligente. También creo que posees una gran sabiduría. Es por eso por lo que mi gente confía en ti. Aun así, ahora ha llegado el momento de que busques una comprensión mayor de la que jamás habías siquiera sabido que existía. *Debes* hacerlo por tus hijos y las generaciones que seguirán. Debes hacerlo por nosotros, porque te hemos elegido como ejemplo e inspiración.

Inspirando profundamente, el anciano terminó el mensaje que acabaría por impactar a millones de personas.

—Y, finalmente, debes hacerlo porque tal vez seas el único que puede hacerlo. Nuestras familias son nuestras vidas. Nuestros negocios alimentan a nuestras familias y aportan valor a los demás. Nosotros, las personas que te seguimos, queremos que nos vaya bien, crecer, prosperar. No nos importa tener que trabajar y esforzarnos mucho.

»Pero qué tragedia más grande sería descubrir que hemos conseguido únicamente resultados mediocres producidos por lo que es cierto... porque la persona de la que hemos dependido nunca se ha molestado en perseguir la verdad.

Veintidos

UNIENDO LOS PUNTOS

¿Te acuerdas de los libros de pasatiempos en los que había que unir los puntos cuando éramos pequeños? El proceso era bastante simple. Unir los puntos en un orden concreto era el único requisito necesario para acabar revelando una imagen escondida. «¡Es una jirafa!», gritábamos. O quizá una palmera, un avión o la Estatua de la Libertad.

Los puntos que han ido apareciendo en *este* libro, para que tú los unas, revelarán un camino a la vida que elijas. Pero debo advertirte de que se trata de un sendero, no de un atajo. Los puntos que te están esperando, los que crean el marco de referencia de una vida de éxito, son bastante parecidos a los puntos que uníamos de pequeños en nuestros libros de pasatiempos.

¿Recuerdas si alguna vez cruzaste el papel de un lado a otro, te olvidaste de algunos puntos y acabaste uniendo el resto saltándote el orden? ¿A que el resultado fue un garabato que no se parecía a nada? Pues puede pasar lo mismo aquí. Puede que decidas centrarte en un solo punto, aquel en el que te sientes más cómodo, y te dediques a machacarlo hasta la muerte. O puede que escojas solo un par y te dediques a ir de uno a otro durante años. Y conseguirás *algo*. Pero no será la situación familiar que deseas. No será el negocio de tus sueños. No será la vida que podrías haber vivido.

La vida que ansías vivir te espera en los puntos que hemos descubierto en el fondo de la piscina. Pero debes examinarlos con cuidado y unirlos correctamente. Las lecciones que contienen deben comprenderse por completo y aplicarse con constancia y generosamente.

Así que vamos a repasar, ¿te parece?

Es evidente que la superficie da resultados, pero los mejores que se pueden lograr se alcanzan cuando se piensa al nivel más profundo de un problema. El trayecto hasta el fondo de la piscina de Kevin demostró que los mejores resultados se conseguían a partir del poder de una base sólida. Y la base sólida de cualquier cosa nunca está en el medio o cerca de la superficie.

Recuerda que, cuando te diriges al fondo de todo, la mayoría de las personas que te rodean reaccionarán con escepticismo o, a veces, de una forma directamente negativa. Pero en cuanto encuentras y sabes exactamente dónde está esa base sólida, los resultados creados atraerán a otros a tu forma de hacer las cosas. Estas son las personas con las que puedes empezar a crear resultados extraordinarios.

En este punto, tu nivel de creencia personal en un futuro increíble es más alto que nunca porque has experimentado unos resultados inusuales. El nivel de creencia de aquellos que te rodean también será alto, principalmente porque han visto tus resultados. Este pequeño grupo del que te empiezas a rodear en este punto empezará a actuar, trabajar y pensar con el beneficio que supone esta creencia, y todos juntos lograrán (y formarán) un éxito superior.

No te olvides de tu sentido del humor. Ponlo en práctica a menudo. El papel de liderazgo más importante que adoptarás jamás es el de liderarte a ti mismo. Y, cuando te lideres a ti mismo, hazlo con una imaginación controlada.

Una imaginación controlada no solo une los puntos que a veces parecen invisibles a los demás, sino que desterrará para siempre el miedo que amenaza tu confianza y alegría. La preocupación y la duda son producto del miedo. Y el miedo no es más que un mal uso de la imaginación con la que se nos ha creado.

No te mezcles demasiado con aquellas almas orgullosas que se pasean, pavoneándose, fuera de sus cajas. En vez de ello, pasa entre ellos discretamente y con confianza, dejando atrás a la multitud y avanzando en la dirección conocida como *más allá*. Y cuando llegues ahí, tómate un momento para celebrarlo antes de poner rumbo de nuevo... más allá.

Tu vida es como un enorme partido. Si decides que ya no hay más jugadas, que ya no hay más allá... si decides que ya has llegado, el partido termina.

Las mejores recompensas de la vida se obtienen en la búsqueda de la sabiduría. La sabiduría es una comprensión más profunda de un principio. Y tras lograr una comprensión más profunda, el único lugar al que puedes ir es... todavía más abajo. Casi nunca encontrarás un diamante tirado en el suelo. Los diamantes están ocultos en las profundidades de la tierra. De un modo similar, la sabiduría solo *parece* escasa porque la mayoría de las personas intentan lograrla sin abandonar la superficie. Una comprensión más profunda del principio, de la sabiduría, te espera en el fondo de la piscina.

Tu lugar donde refugiarte, tu lugar de contemplación, no es un alquiler. No puedes dejárselo prestado a alguien, ni pueden robártelo. No pueden echarte. Este palacio mental está reservado para ti, así que decóralo como te apetezca y visítalo a menudo. No hace falta avisar por adelantado. Se trata de tu fortaleza de soledad, el lugar donde puedes desear, soñar, apuntar, descansar, planificar, preguntar, diseñar, esperar, renovarte, celebrar, imaginar, empezar y convertirte en lo que quieras.

Hay un peligro en lo que es cierto, ya que la mayoría de los que lo encuentran cancelan su búsqueda de cualquier cosa más allá de lo que ya han encontrado. *¿Para qué vamos a continuar*, se preguntan. *¡Si esta es la respuesta!* Pero esta creencia es errónea. No han encontrado *la* respuesta. Han encontrado *una* respuesta. Y hay una gran diferencia entre ambas cosas.

El peligro, por supuesto, radica en el hecho de que las masas casi siempre aceptan con los brazos abiertos *una* respuesta, una que sea cierta, porque es lógica y realmente produce resultados. Por lo tanto, esta cosa cierta se convierte en la posición por defecto de todas las personas que oyen su explicación o experimentan sus resultados.

«¿Y qué peligro tiene eso?», me preguntas. Ninguno, si tu intención, tanto personal como profesionalmente, es pasar de lo *bueno* a lo *magnífico*. Pero si tienes la mirada puesta en pasar de lo magnífico a *lo mejor*, necesitarás más de lo que es meramente cierto. Tú, amigo mío, necesitarás la verdad.

A continuación tienes un ejemplo de algo que es cierto en la superficie mientras la verdad espera calladamente en el fondo de la piscina.

Durante más de una generación, padres, maestros, entrenadores, autores y oradores han propagado la idea de que las decisiones son lo que determina el futuro de uno mismo. No hay nada más importante, nos dicen a menudo, que las decisiones que tomamos. Los oradores nos aseguran que las decisiones de hoy dictan la vida que vivirás mañana. «¡Toma buenas decisiones!», solemos decir a nuestros hijos.

Parece algo tan bueno, tan adecuado, tan inteligente. ¿Y sabes por qué? Porque las decisiones *sí* que determinan nuestro futuro. Eso es un hecho y es absolutamente cierto. Pero no es la verdad. De nuevo, la verdad sobre esto (y sobre muchas otras cosas) te espera en el fondo de la piscina.

Pregunta: ¿te plantearías darle una moneda a un niño con la instrucción de «sacar cara siempre» y, cuando el niño fuera incapaz de cumplir esta hazaña, castigarlo?

¿No?

¿Y por qué no?

Porque, como responderás seguramente, conseguir sacar cara cada vez que se lanza una moneda es una tarea imposible.

Y tendrías razón. *Es* imposible. Por lo tanto, sería muy cruel castigar al niño que no pudiera conseguirlo. Al fin y al cabo, si como adultos todavía no hemos descubierto cómo sacar cara en cada tirada y lo sabemos lo suficientemente bien como para explicárselo al niño, ¿qué posibilidad va a tener él de conseguirlo?

Por lo tanto me imagino que, si lo que se quiere obtener es cara, lo único que podemos hacer es esperar sacar cara *la mayoría* de las veces.

Más preguntas: ¿cuánto bien le hace a un niño que le digas que tome buenas decisiones? ¿Hay un número de veces óptimo que debamos decírselo para conseguir transmitirles este mensaje? ¿Alguna vez has conocido a adultos que tomen malas decisiones? ¿Acaso nunca les dijeron de pequeños que tomaran buenas decisiones? ¿No sabían que sus decisiones acabarían determinando sus destinos?

¿No será que decirle a un niño que tome buenas decisiones viene a ser el equivalente de decirle que saque cara cada vez que lance la moneda? ¿Podría ser que, como adultos, la mayoría de nosotros todavía no hemos descubierto la verdad de cómo se toman las buenas decisiones y ni mucho menos comprendemos el proceso lo suficientemente bien como para explicárselo a un niño?

Y si ese *es* el caso (sabiendo bien que tomar buenas decisiones es el resultado que todos deseamos obtener), quizá deberíamos reajustar estas expectativas, ¿no? ¿Tenemos que conformarnos con, simplemente, esperar estar tomando una buena decisión la mayoría de las veces?

No.

Aunque, de nuevo, es cierto que las decisiones determinan nuestro futuro, la verdad está *por debajo* de las decisiones, en un nivel de base. ¿Y qué puede haber más básico que la decisión?

Tu *pensamiento*.

Tu pensamiento (al menos en lo referente a los resultados de tu vida) es lo más cercano al fondo de la piscina que hay. Puede que tus decisiones determinen tu destino, pero es tu pensamiento el que determina tus decisiones.

Para quedarme tranquilo... Si alguna vez dudas de este hecho vital, te pido por favor que recuerdes que cada decisión que has tomado en tu vida y cada decisión que tomarás en el futuro han estado y estarán totalmente determinadas por

- cómo piensas,
- qué piensas,
- cuánto tiempo lo piensas,
- qué decides que no tienes tiempo de pensar
  para no distraerte de pensar
  en lo que tienes que pensar
  para poder ser capaz de tomar una decisión...

¿Entiendes lo que quiero decir? La clave es tu pensamiento.

Y como el fondo de la piscina ha revelado que tu pensamiento es la base sólida y real del futuro que quieres crear, ha llegado el momento de darte una buenísima noticia: al fin y al cabo, tu vida no se decidirá a cara o cruz.

> *Si es cierto que tus decisiones determinan tu*
> *destino... y si la verdad es que tu pensamiento*
> *determina tus decisiones... entonces es, de*
> *hecho, tu pensamiento el que determina*
> *tu destino.*

Y todavía no hemos llegado a lo emocionante de verdad.

En este caso concreto, la buena noticia tiene que ver con el hecho de que has sido creado con la capacidad de tomar decisiones. Por lo tanto, vemos la mayor paradoja de Dios revelada en nuestras propias vidas. Viene a ser algo así: sí, tu pensamiento determina tus decisiones, pero como fuiste creado con la capacidad de tomar decisiones, ¡puedes decidir cómo pensar!

Vale, sí, acabo de ver cómo frunces el ceño. Acabas de inclinar la cabeza a un lado y sé lo que te acaba de pasar por la mente. «Andy», te estarás diciendo, «comprendo cómo mi propio pensamiento determina mis decisiones, pero ¿cómo va a ser posible elegir cómo pienso?».

Puedes elegir cómo pensar porque eliges las situaciones que conforman tus pensamientos.

Ten presente esto:

> **Tu forma de pensar** se ve tremendamente
> afectada y determinada en gran parte por lo
> que lees, escuchas y miras.

Otro factor importantísimo a la hora de sentar la base sólida de ti mismo son las personas de las que te rodeas. Estas personas tienen muchísima influencia sobre lo que tú lees, escuchas y miras.

Por lo tanto, puedes elegir cómo piensas porque puedes elegir lo que lees. Puedes elegir cómo piensas porque puedes elegir lo que escuchas y puedes elegir lo que miras. También puedes elegir de qué personas te vas a rodear.

Y quizá *lo más importante* para el proceso de elegir cómo piensas es elegir lo que *no* leerás. Puedes elegir lo que *no* escuchas y puedes elegir lo que *no* miras. También puedes elegir de qué personas *no* te vas a rodear.

Hace años hubo un caso relacionado con la definición de pornografía que acabó escalando el sistema judicial hasta llegar al Tribunal Supremo. El problema estuvo procesándose en 1963 y fue, al parecer, tan complicado, que no se llegó a una decisión hasta quince meses después, en 1964. En la opinión consensuada que finalmente ofreció el juez Potter Stewart, escribió estas famosas palabras sobre la definición de pornografía: «La reconozco en cuanto la veo».

¿De verdad? Gracias. Muy útil.

Sí, te reirás, pero esa opinión oficial de un juez del Tribunal Supremo de Estados Unidos sigue siendo la definición por defecto que sigue usándose hoy en día en los sistemas educativos, los gobiernos estatales y locales, y la industria privada de Estados Unidos. En otras palabras, hoy en día no hay definición. El hecho de que un contenido impreso, en vídeo o en Internet sea o no pornográfico sigue siendo cuestión del criterio de alguien. Por lo tanto, la definición de qué es pornografía cambia muchísimo porque esto queda completamente bajo el criterio de la persona que toma la decisión. Y, por supuesto, como el juez Stewart en 1964, «la reconocerán en cuanto la vean».

Aun así, el fondo de la piscina nos da esperanza de que problemas de este tipo y muchos otros puedan juzgarse y decidirse con precisión. Si quieres hacer un viaje rápido al fondo de la piscina ahora mismo, tú y yo seremos capaces de definir este problema ahora mismo con la verdad de una vez por todas y de un modo que nadie podrá discutir u olvidar jamás.

Teniendo en cuenta que la calidad de tus respuestas siempre estará determinada por la calidad de tus preguntas, vamos a empezar con una buena pregunta.

Si una persona tuviera que comparar las fotografías de personas desnudas en los desplegables de una revista con la estatua de la *Venus de Milo* o el *David* de Miguel Ángel, ¿dónde está la diferencia? Son todas imágenes desnudas del cuerpo humano. ¿Por qué las fotografías se consideran pornografía mientras que las estatuas se consideran arte de forma universal?

Buenas preguntas. La respuesta es muy simple. La diferencia entre pornografía y arte está determinada por lo que piensas en cuanto lo miras.

Por lo tanto, en esta y todas las demás partes de la vida, ten presente que tu pensamiento es lo que impulsa tus decisiones. Y como tus decisiones son los ladrillos con los que construyes tu futuro, sé sabio con lo que eliges pensar.

Veintitrés

LLEGANDO A LA
TIERRA PROMETIDA

Nuestro tiempo juntos está a punto de llegar a su fin y siento curiosidad: ¿lo que tú dices que quieres de la vida es consecuente con tus acciones diarias? En otras palabras, ¿estás haciendo *al menos* lo que sabes hacer?

Siento que tú y yo hemos conectado a través de estas páginas. Por lo tanto, no me importa decirte algo que no suelo revelar. Mi respuesta personal a la pregunta anterior, «¿Lo que tú dices que quieres de la vida es consecuente con tus acciones diarias?», ha ido cambiando con los años.

Hubo un momento en mi vida en el que una respuesta sincera hubiera sido «no». Ni siquiera estaba haciendo las cosas que *sabía* cómo hacer. Sí, me sentía fatal al respecto, pero parecía estar encallado. Y cuanto más *pensaba* en ello, *menos* hacía. Mis sueños parecían lejísimos de mi alcance, más allá de cualquier posibilidad. ¿Y por qué? Pues porque me conocía demasiado a mí mismo. Como orador, jugaba buenos partidos, pero sin entusiasmo, esfuerzo o esperanza.

Al menos durante ese tiempo seguí pensando en mi falta de acción. Principalmente pensaba en ello de un modo negativo pero, de todos modos, le di muchas vueltas. Y antes de que pasaran muchos años, llegó el momento en el que ya pude decir «Ya no estoy en un *"no"*. Ahora me he graduado y ya estoy en un *"a veces"*».

Al menos había llegado a un punto en el que sabía que *a veces* estaba actuando, trabajando y haciendo cosas que hacían que mi vida avanzara. La vida que quería para mi familia no solo estaba empezando a definirse, sino que parecía más cerca de lo que jamás había sido capaz de imaginar.

Hoy te diría que ya estoy en un *«casi siempre»*. Me encantaría estar en un *«siempre»* pero, francamente, todavía no he llegado ahí. Aun así, ya soy prácticamente capaz de hacer lo que en teoría tengo que hacer y actuar como en teoría tengo que actuar para vivir la vida que quiero vivir. Y soy capaz de conseguir este nivel moderado de estado triunfante porque me he vuelto bastante bueno a la hora de elegir de qué modo pienso.

Bastante bueno. Mi proceso mental está por encima del «a veces» y por debajo de un «siempre». Sí, ahora estoy en un «casi siempre».

También quiero que sepas que los libros del mismo tipo que estás leyendo ahora solían volverme loco. «¡TIENES que leer esto!», me decía alguien de vez en cuando de algún libro que se acababa de leer diez veces. «Este libro», afirmaba muy seriamente, «¡va a cambiarte la vida de arriba abajo!».

Durante mis años de incertidumbre llegué a leer algunos de estos libros, pero ninguno de ellos me cambió la vida.

Y ahora que lo pienso, espero que nadie te dijera que *este* libro te va a cambiar la *vida de arriba abajo*. Porque no es así.

¿Cambiarte la vida de arriba abajo? Mucho me temo que eso depende de ti. Depende. De. Ti.

Verás, un buen libro es como un buen martillo. Los libros son herramientas. Un libro jamás le ha cambiado la vida a alguien, del mismo modo que un martillo jamás ha construido una casa. Por supuesto, alguien que nunca haya sabido cómo usar un martillo tampoco habrá construido una casa. Lo que quiero decir es que ciertos libros te ofrecen una formación o una cierta comprensión que no podrías ganar en ningún otro sitio ni de ningún otro modo.

Sí, ya sé que todo esto de «depende de ti» puede asustar bastante y puede incluso parecerte imposible en este momento. Por suerte, es un mensaje que implica muy buenas noticias: como la vida que quieres vivir *depende* de ti, tienes una esperanza y un control que, de otro modo, no existirían. Si la vida que quieres llevar dependiera de otra persona u otra cosa (tu pareja, un compañero de trabajo, el gobierno, la economía, un huracán), entonces no tendrías nada de control y muy poca esperanza.

Pero aunque no puedes controlar muchas de las situaciones a las que te enfrentarás en la vida, sí que puedes controlar cómo vas a reaccionar cuando las circunstancias aprieten. Si puedes comprender y si crees que una forma de pensar *mala* puede llevar a *malas* decisiones y que, a su vez, esas *malas* decisiones producen *malas* situaciones en la vida, entonces seguro que comprenderás y creerás que una *buena* forma de pensar puede llevar a *buenas* decisiones y que, a su vez, tus *buenas* decisiones producirán *magníficas* situaciones en la vida.

De nuevo, tu forma de pensar es la raíz que alimenta el crecimiento personal necesario para que tu vida sea consecuente con todos los sueños y esperanzas que Dios te ha dado. Y como has sido creado con la capacidad de elegir lo que piensas, has sido creado con la capacidad de elegir tu destino. Si comprendes esto y lo tienes presente podrás tener constantemente muchísima esperanza, ya que el futuro que deseas está a tu alcance.

¿Te quedan fuerzas para tocar un último tema? ¿Podemos quedarnos en el fondo de la piscina un poquito más? Bien. Solo tengo unas cuantas preguntas más.

1. Cuando imaginas, ¿qué imaginas?
2. ¿Qué relación hay entre LO MEJOR y LA VERDAD? ¿Alguna vez te has planteado el hecho de que puedes saber LA VERDAD pero que, a causa de una falta de disciplina o de un espíritu egoísta, nunca podrás ser capaz de llegar siquiera a acercarte a LO MEJOR? Pero, aun así, ¿puedes conseguir LO MEJOR sin conocer LA VERDAD?
3. ¿Quién es el autor de la verdad? ¿Tú? ¿Yo? Si ninguno de los dos es el autor de la verdad, ¿somos igualmente capaces de buscar la verdad y encontrarla?
4. Mientras buscamos la verdad, ¿podría ser útil buscar también a su Autor?

5. ¿Sabías que hay una diferencia entre «lo mejor que uno puede imaginar» y LO MEJOR?

6. ¿Quién tiene mejor imaginación...? ¿Tú o el Creador del universo?

7. Si quieres lo mejor para ti y el Creador quiere lo mejor para ti... Si *tú* imaginas lo mejor para ti y tu Creador imagina lo mejor para ti, ¿crees que habrá mucha diferencia entre lo que ambos imaginan?

Hago estas siete preguntas por un simple motivo. Antes de revelar ese motivo, quiero que sepas *que yo sé* que eres una persona inteligente. Estoy convencido de que comprendes todo lo que has leído en estas páginas. Has entendido inmediatamente la metáfora del fondo de la piscina y probablemente ya has encontrado la verdad que va más allá de lo cierto varias veces.

Quiero que sepas que agradezco muchísimo que hayas leído este libro. Me siento honrado de haberte podido proporcionar (o eso espero) unos cuantos ladrillos para que puedas construir tu enorme futuro.

Y ahora, vayamos al motivo de estas siete preguntas: aunque he visto a empresas, equipos y organizaciones usar el material que hemos explorado para ganar influencia, lograr paz en sus relaciones, rescatar a otros y enriquecerse, también he visto a personas que se niegan a dominar y aprovechar sus pensamientos.

En los capítulos anteriores, más de una vez, me he referido a esas personas como aquellos que «simplemente, no quieren pensar tanto». Sabiendo que el pensamiento es la base de todo lo que vendrá después, ver a alguien bloquearse, negándose a contemplar, reflexionar, meditar o imaginar ha sido una de las experiencias más tristes de mi vida. Y me niego a que me pase eso contigo.

Por lo tanto, aquí declaro y decreto que disfrutarás de los beneficios de una vida dedicada a contemplar, reflexionar y pensar. Conseguirás dominar y controlar la potente imaginación que posees para explorar el fondo de la piscina.

Nota final

Me he despertado esta mañana a las tres de la madrugada y no podía volver a dormir. Si te soy sincero, estaba pensando en ti. Polly dormía, respirando con suavidad, mientras yo salía de nuestra habitación, me llenaba un vaso de agua en la cocina y salía por la puerta trasera. Me he detenido en la silenciosa oscuridad antes de bajar las escaleras de detrás hasta mi oficina. Quería terminar este capítulo final con algo personal... quizá un último ejemplo de decidir cómo pensamos.

6:10
A través de la ventana de mi oficina veo que empieza a haber luz fuera. Un destello rojo se vislumbra en el cielo, al este.

6:15
El cielo empieza a iluminarse. También hay un poquitín más de color del que había tan solo hace unos minutos. No estoy

seguro de que te hayas planteado la diferencia, pero un amanecer es más valioso que un atardecer. ¿Recuerdas la relación que hemos visto entre el valor y la escasez? Los amaneceres son sucesos escasos.

«Espera, no tan rápido», puede que ataje alguien. «Ambas cosas se dan una vez al día. Los amaneceres no son más escasos que los atardeceres. Hay exactamente el mismo número de unos que de otros».

6:18

Vale... sí, tiene sentido si es la forma en que alguien quiere verlo. Pero tú y yo decidimos pensar en la diferencia entre ambos del modo siguiente:

Todo el mundo ve atardeceres. Porque todo el mundo está despierto cuando suceden. Échale una mirada al cielo al oeste hacia el final del día. Y ya está. Ya has visto otro. Por muy impresionantes que puedan ser, los atardeceres se crean cuando el sol ya baja. Los atardeceres son una señal de que el día ha acabado.

6:19

Aunque solo sea porque la mayoría de las personas no saldrán de la cama para experimentar el amanecer de un nuevo día, los amaneceres son escasos. Y, por cierto, aunque ahora mismo estoy solo, voy a proclamar lo que está a punto de ser tu amanecer.

6:21

Y aquí está. Increíble... completo con rojos y morados de todos los tonos e intensidades. Los blancos y los amarillos se entremezclan con pinceladas de un rosa exuberante, recortándose contra el fondo del zafiro que, en el horizonte, se hace cada vez más brillante. A medida que va desapareciendo el oscuro cobalto del cielo de la noche anterior, el amanecer derrama con esplendor su promesa en el primerísimo latido de este día, declarando un nuevo inicio y recordándote la oportunidad que hay en tu futuro.

A menudo se dice que, hacia el final de nuestras vidas, la mayoría de las personas imaginan lo que podría haber sido. Es muy probable que sea así. Pero esto solo pasa porque, al principio, muy pocas personas se toman el tiempo necesario para imaginar lo que sus vidas pueden llegar a ser.

La mayoría esperan al atardecer. Pocos se levantan para el amanecer. Tú no eres «la mayoría». Tú estás entre los pocos. El amanecer de hoy es único en su trazo y color, pero posee el mismo mensaje que se te entregará con cada amanecer que siga. El mensaje es que esto es el principio.

Los amaneceres proclaman el futuro, no el pasado. Traen certeza, no duda. Un amanecer es el inicio, no el resultado; el potencial, nunca el límite. Y aunque los amaneceres son para todos, a partir de este momento y en adelante...

Todos los amaneceres te pertenecen.

ACERCA DEL AUTOR

Aclamado por un periodista del *New York Times* como «alguien que, sin hacer demasiado ruido, se ha convertido en una de las personas más influyentes de Estados Unidos», Andy Andrews es un novelista superventas, orador y asesor para algunos de los equipos, organizaciones de crecimiento más rápido y grandes empresas de más éxito de todo el mundo. Oyentes de casi cien países se han suscrito a su podcast semanal, *The Professional Noticer*, en AndyAndrews.com/podcast y en otros sitios que ofrecen suscripciones de podcast.

Andy también es el creador de WisdomHarbour.com, un portal que se está convirtiendo rápidamente en uno de los sitios web más compartidos de la década. Cuatro presidentes de Estados Unidos le han pedido su participación como orador y trabaja estrechamente con el Mando de Operaciones Especiales estadounidense.

Zig Ziglar afirmó: «Andy Andrews es el mejor orador que conozco».

Vive en Orange Beach, Alabama, con su esposa Polly y sus dos hijos.

Las

COSAS
PEQUEÑAS

Porqué realmente *DEBERÍA*

PREOCUPARSE POR LAS PEQUEÑAS COSAS

ANDY
ANDREWS

Autor *best seller* del *New York Times* de
La maleta y *El regalo del viajero*

Del autor de *LA MALETA* y *EL REGALO DEL VIAJERO*
Best sellers del *New York Times*

ANDY ANDREWS

PERSPECTIVA

*La diferencia entre una vida común
y una extraordinaria*